AF211443

Klaus Bernath
Philosophisches, Träumerisches, Visionäres

Klaus Bernath, geboren am 18. 07. 1935 in Berlin,
weit gespannte Interessen, in der Philosophie: Thomas von Aquin bis
Martin Heidegger; in der Literatur: Ernst Jünger und Arno Schmidt;
in der Psychologie: C. G. Jung und seine Schule, besonders Erich
Neumann und M. -L. v. Franz. Früher ausgedehnte Reisen: vom
Polarkreis bis südlich des Atlas, Spanien, Nordafrika, Orient.
Längerer Aufenthalt in Südamerika, dort auch Lehrtätigkeit.
Jetzt zur Ruhe gekommen auf einem Dorf in Schleswig-Holstein.
Entdeckungsreisen nur noch in der Welt der Bücher:
„Liber librum aperit." – Ein Buch öffnet ein anderes Buch.

Klaus Bernath

Philosophisches, Träumerisches, Visionäres

opus magnum

Bibliografische Information der Deutschen Nationalbibliothek
Die Deutsche Nationalbibliothek verzeichnet diese Publikation in der
Deutschen Nationalbibliografie; detaillierte bibliografische Daten sind
im Internet über http: //dnb. d-nb. de abrufbar

© 2018 by opus magnum, Stuttgart (www. opus-magnum. de)
Erstauflage, Version 1.01
Umschlaggestaltung, Grafik und Layout: Dr. Lutz Müller
Herstellung: BOD – Books on Demand GmbH., Norderstedt
Alle Rechte vorbehalten
ISBN 13: 978-3-95612-021-3

Inhalt

C. G. Jung
Die Septem Sermones ad Mortuos

„Wer waren wir? Wer sind wir geworden? Wo waren wir? Wohin sind wir geworfen? Wohin eilen wir? Wovon sind wir befreit? Was ist Geburt? Was Wiedergeburt?" So lauten einige der typischen Fragen, die das religiöse Bewusstsein der Menschen in den ersten Jahrhunderten der christlichen Ära in Unruhe versetzten. Die Antworten, die die verschiedenen frühen Theologen dieser Zeit zu geben versuchten, sollten nicht einfach irgendeinen Wissensdurst befriedigen. Was sie zu vermitteln trachteten, war als Gnosis nicht irgendein Wissen, sondern müsste eher als Orientierungswissen, wenn nicht eher noch als Heilswissen, bezeichnet werden. Diejenigen, die sich an der Beantwortung solcher Fragen versuchten, trugen deshalb eine schwere Verantwortung, und sie konnten die Antworten keinesfalls aus eigener Kenntnis oder eigener Autorität geben.

Sie traten deshalb als Personen hinter ihren Werken zurück und unterstellten diese der Autorität bereits anerkannter Propheten, Evangelisten, Theologen oder Lehrer. Man nennt diesen Vorgang Pseudepigraphie, sollte ihn aber nicht mit dem Vorwurf der Fälschung versehen. Selbst wenn – um einen besonders krassen Fall in Erinnerung zu rufen, um 140 ein Laientheologe und als Schiffsreeder zu Wohlstand gekommener Autor, dessen Name sich zufällig erhalten hat, nämlich Marcion – angeblich von ihm „aufgefundene" Schriften des Apostels Paulus in Umlauf brachte, von denen vorher niemand etwas gehört hatte, so dürfen wir ihn nicht einfach als Betrüger abtun. Der Christenheit würde Entscheidendes fehlen, wenn sie eine Urkunde wie den Römerbrief nicht hätte, und es kann uns Nachgeborenen gleichgültig sein, wen der Heilige Geist damals mit seiner Inspiration beehrte und stellvertretend den Griffel führen ließ.

Damit soll nun Marcion mit seinem vielleicht überzogenen Ehrgeiz keineswegs rehabilitiert werden, aber seine unter dem Namen des

Paulus verbreiteten Schriften verdienen nichtsdestoweniger ernstgenommen zu werden.

An diese alten Formen biblischer, theologischer und gnostischer Schriftstellerei sollte hier erinnert werden, um etwas Vergleichbares zu den von C. G. Jung in den Jahren 1916/17 verfassten *Sieben Predigten an die Toten* anzuführen und ihnen somit etwas vom Befremdlichen zu nehmen. Als ein erratischer Block außerhalb seines Werkes werden sie von manchen, auch seiner Schüler, stets peinlich berührt zur Kenntnis genommen, aber dieser Steinblock könnte sich auch als der Grundstein seines gesamten Lehrgebäudes erweisen, und so könnte man auch hier das Wort des 118. Psalms (Vers 24 f.) anführen: „Der Stein, den die Bauleute verworfen haben, ist zum Eckstein geworden." Der Text der lateinischen Übersetzung spricht sogar noch deutlicher: „Lapis quam reprobaverunt aedificantes factum est caput anguli" das heißt: der von den Bauleuten verworfene Stein ist zum Schlussstein des Gewölbes geworden.

Recht besehen und bei sorgfältiger Interpretation könnte sich dieses frühe Werk von Jung in der Tat als der zentrale und das ganze Gewölbe vollendende Baustein seines Lehrgebäudes erweisen.

Wie geht nun der Autor hier vor? Er entwirft zunächst eine Szenerie und eine dramatische Handlung, anstatt sogleich in einen belehrenden Aufsatz einzutreten. Diese knapp berichtete Rahmenhandlung ist keineswegs zu übergehen, sondern sie verlangt ihrerseits nach einer sorgfältigen Interpretation. Wir haben hier durchaus etwas Vergleichbares mit Platons Einkleidung der verschiedenen Reden in seinem Gastmahl; auch hier liegt eine gewisse Distanzierung vor, aber auch eine Reihe von wichtigen Hinweisen. So heißt es von den Toten, die nach Belehrung verlangen: „Die toten kamen zurück von Jerusalem, wo sie nicht fanden, was sie suchten." (St. A. Hoeller, „Der gnostische Jung und die sieben Reden an die Toten", Calw 1987, S. 52)

Dass es sich bei den Toten um Christen handelt, bezeugt der Schluss der Zweiten Rede, wo es heißt: „Hier erhoben die toten einen großen tumult, denn sie waren christen" (a. a. O., S. 58), und dass Rom hier stillschweigend übergangen wird, erweist sie näherhin auch noch als protestantische Christen, hieß es doch an evangelischen Fakultäten; „Catholica non leguntur" – katholische Autoren werden nicht zur Kenntnis genommen. Trotzdem muss neben Jerusalem auch Rom mit hinzugedacht werden, wenn auch als gar nicht erst erwähnte Möglichkeit, Antworten zu bekommen. So bleibt also nur der dritte Weg, für den sich Jung ausspricht, und der wird durch den Ortsnamen Alexandria symbolisiert. Von dieser innerhalb der gesamten Spätantike äußerst bedeutsamen Metropole sagt der Altphilologe und Religionshistoriker Albrecht Dieterich (1856-1908): „Es ist eine Fülle der Kultgemeinschaften in mannichfachster Variation zwischen Hellenistischem, Jüdischem, Ägyptischem um Alexandria vorauszusetzen..." (A. Dieterich, „Abraxas. Studien zur Religionsgeschichte des spätern Altertums." Leipzig 1891. Ndr. Aalen 1973, S. 137).

Von den um die Zeit der Abfassung der Reden bereits näher bekannten gnostischen Theologen hat Jung nun mit sicherem Griff Basilides als seinen Kronzeugen ausgewählt, und er schlüpft gewissermaßen in dessen Rolle und spricht in seinem Namen. Nun weiß man von Basilides und seinem Leben nicht viel mehr, als dass er in Alexandria gelehrt und viele Schriften verfasst hat, von denen durch die Gnosis bekämpfenden Kirchenväter größere Bruchstücke und zusammenfassende Lehrberichte erhalten sind. Als die Zeit seines Wirkens können die Jahre um 130 angenommen werden. Über Basilides sind insbesondere längere Ausführungen von Irenaeus und Hippolyt erhalten, die aber nicht zur Deckung gebracht werden können. Jung hat sich offensichtlich in Übereinstimmung mit den meisten Forschern für die Version des Hippolyt entschieden, und so mag zum ersten Kennenlernen hier ein Auszug aus dessen Werk „Philosophumena oder Widerlegung aller Häresien" (vor 235) angeführt werden:

„Es war als nichts war, aber auch das Nichts war nichts Existierendes, sondern es war einfach und ohne Hintergedanken und Sophisma absolut nichts... . Als nun nichts existierte, weder Stoff, noch Wesenheit, noch Wesenloses, noch Einfaches, noch Zusammengesetztes, noch Unfassbares, noch Unfühlbares, weder Mensch, noch Engel, noch Gott, noch überhaupt etwas Benennbares, das man mit dem Gefühl oder dem Verstand wahrnimmt, als vielmehr alles absolut im eigentlichsten Sinne nicht vorhanden war, entschloss sich der nichtexistierende Gott, den Aristoteles „Gedanke des Gedankens" nennt, Basilides und seine Schule aber den Nichtexistierenden, ohne Gedanken, ohne Empfindung, ohne Ratschluss, ohne Elan, ohne Leidenschaft, ohne Begierde die Welt zu schaffen... Unter „die Welt" verstehe ich nicht jene, die später durch die Ausdehnung und Scheidung entstand und auseinanderging, sondern den Weltsamen. Der Weltsamen enthielt alles in sich, wie das Senfkorn im kleinsten zusammengefasst alles enthält: die Wurzeln, den Stamm, die Zweige, die unzähligen Blätter und die von der Pflanze hervorzubringenden Samen und alle weiter entstehenden Pflanzen und ihre Samen. So schuf der nichtexistierende Gott eine nichtexistierende Welt aus Nichtexistierendem, indem er ein Samenkorn hervorbrachte, das den Gesamtsamen der Welt in sich hatte." („Des Heiligen Hippolytus von Rom Widerlegung aller Häresien." Übers. von Graf Konrad Preysing. Bibliothek der Kirchenväter 40. München/Kempten 1922, S. 199 f.)

Es handelt sich also um eine Lehre von erheblichem Tiefgang, und die Transzendenz Gottes, seine absolute Weltüberhabenheit ist klar herausgearbeitet. Man sieht, dass Jung sich einen außerordentlich scharfsinnigen und eigenständigen Denker als Eideshelfer gewählt hat, und wenn ihm dessen altkirchlicher Ketzerbekämpfer etwa den Bezug zu Aristoteles vorgeworfen hat, so ist das nichts anderes, als was gut eintausend Jahre später Thomas von Aquin zur Grundlage seines theologischen Denkens genommen hat.

Aber bei Basilides konnte Jung nicht nur eine Schöpfungstheologie auf hoher Abstraktionsstufe finden, sondern auch den gnostischen Gottesnamen des Abraxas, der dann im Zentrum seiner Reden steht. So heißt es bei Hippolyt über Basilides, dessen Sohn Isidor und deren Anhänger: „sie sprechen auch von dreihundertfünfundsechzig

Himmeln und dass ihr großer Archon Habrasax sei, weil sein Name die Zahl 365 ergibt, so dass die Zahl des Namens alles umfasse und darum das Jahr aus ebensoviel Tagen bestehe." (BKV 40, 207)

Damit ist jener Name genannt, der bereits gegen Ende der Zweiten Rede präludierend eingeführt wird und dann die gesamte dritte bestimmt: „Der Abraxas ist Wirkung, ihm steht nichts entgegen, als das unwirkliche, daher seine wirkende Natur sich frei entfaltet. Das unwirkliche ist nicht, und widersteht nicht. Der Abraxas steht über der Sonne und über dem Teufel. Er ist das unwahrscheinlich wahrscheinliche, das unwirklich wirkende. Hätte das Pleroma ein Wesen, so wäre der Abraxas seine Verdeutlichung."

Diese Lehre vom Abraxas wird nun weiter entfaltet und zwar mit den sprachlichen Mitteln der Negativen Theologie, ein Zeichen, dass es hier um den Kern des nicht mehr sagbaren Göttlichen geht. Darum heißt es weiter: „Er ist zwar das wirkende selbst, aber keine bestimmte wirkung, sondern wirkung überhaupt. Er ist unwirklich wirkend, weil er keine bestimmte Wirkung hat. Er ist auch Creatur, weil er vom Pleroma unterschieden ist. Die Sonne hat eine bestimmte Wirkung, ebenso der Teufel, daher sie uns viel wirksamer erscheinen als der unbestimmbare Abraxas. Er ist Kraft, Dauer, Wandel." (Hoeller, a. a. O., S. 58)

Hier erheben die Zuhörer den schon erwähnten Tumult, denn sie wollen sich als Christen nicht den im naiven Kinderglauben angenommenen lieben Gott rauben, noch dessen Attribute auf den vom gnostischen Lehrer Basilides verkündeten paradoxen Gottesbegriff übertragen lassen. Die überkommene Lehre von Gott tritt also in den Hintergrund, und „Gott (wird damit) als Vorbereitung zu etwas viel Unheimlicheren, das wir noch gar nicht kennen" (Elias Canetti, „Aufzeichnungen 1942-1972", München 1973, S. 180) angesehen.

Wir kommen damit zur Dritten Rede, die wohl als die umfassende neue Gotteslehre im Mittelpunkt des ganzen Werkes steht. Sie soll nun Wort für Wort durchgegangen werden, wobei sich meine interpretierenden Bemerkungen auf kurze Hinweise beschränken können und das für uns Wesentliche Ihre eigenen Ideen dazu sind.

Die Toten fordern also den gnostischen Lehrer auf: „Rede uns weiter über den obersten Gott." (Hoeller, a. a. O. S. 58)

Gleich zu Anfang steht eine Warnung: „Der Abraxas ist der schwer erkennbare Gott", „schwer", also nicht gänzlich unerkennbar. Zur Begründung des schwer erkennbaren: „Seine Macht ist die größte, denn der Mensch sieht sie nicht." Jede allzu naive Gotteslehre wird abgewiesen, aber auch jede natürliche Theologie, die da meint, aus den Erscheinungen der Welt Aussagen über die göttlichen Urheber machen zu können. Von solchen Überlegungen war die christliche Apologetik oder auch Fundamentaltheologie besonders am Ende des 19. Jahrhunderts voll, auch und besonders die Neuscholastik katholischer Provenienz, und sie sind in kirchlich gebundenen Kreisen vielleicht auch heute noch nicht überwunden, und man braucht damit keinesfalls nur an die christlichen Fundamentalisten zu denken. In jedem Religions- oder Konfirmandenunterricht sind noch solche Töne zu hören.

Das alles macht aber für den Gnostiker die Anschauung der Psychiker, also der schlicht Kirchengläubigen, aus, denen er seine vertieftere Einsicht entgegensetzt. Darum heißt es vom Menschen: „Von der Sonne sieht er das summum bonum, vom Teufel das infimum malum, von Abraxas aber das in allen hinsichten unbestimmte LEBEN, welches die Mutter des guten und des übels ist" (ebd.). Damit wird ein neuer Zentralbegriff oder auch Gottesname eingeführt, das LEBEN, das nicht umsonst mit großen Buchstaben geschrieben wird. Es ist also vom Begriff des Lebens in der biologischen Wissenschaft unterschieden, und aus dem Spezialbegriff wird ein allumfassender Name.

Später heißt es „Der Abraxas ist Sonne und zugleich der ewig saugende schlund des leeren, des verkleinerers und zerstücklers, des Teufels" (ebd. S. 58). Hier könnte man, wie übrigens schon bei den angeführten Sätzen über die Entstehung der Welt aus dem Nichts, ja aus weniger als nichts, Anklänge an gewisse Erkenntnisse der neuesten Physik und Kosmologie heraushören: Wenn hier von einer saugenden Leere die Rede ist, so denkt man sogleich an all das, was inzwischen über die sogenannten Schwarzen

Löcher im Weltall bekannt ist. Somit könnten die Formulierungen, die Jung durch den Mund seines Sprachrohrs Basilides verkündet, als intuitive Vorwegnahmen der letzten astrophysikalischen Einsichten gewürdigt werden.

Eine weitere Aussage: „Die Macht des Abraxas ist zwiefach. Ihr seht sie aber nicht, denn in euern augen hebt sich das gegeneinandergerichtete dieser macht auf" (Hoeller, a. a. O., S. 59).

Das wird sogleich konkretisiert in diesen Sätzen: „Was Gott spricht, ist leben, was der Teufel spricht, ist tod" (ib.). Damit werden zwei entgegengesetzte Lehren ausgesprochen, die in ihrer Gegensätzlichkeit nur jeweils einzeln in unser Bewusstsein eingehen können. Notwendig ist aber, wenn wir die Intention des gnostischen Lehrers und damit C. G. Jungs verstehen wollen, sie dennoch ineins zu setzen. Das widerspricht unserer geläufigen Logik, die aber nur unterhalb der Sphäre des Göttlichen Geltung beanspruchen kann; ähnlich paradoxe Verhältnisse finden sich bei Heidegger in manchen Aussagen über das Sein.

Wir dürfen nun einen Schritt weiter gehen und im Folgenden auf alle Formulierungen moralischen Inhalts achten. Auch dabei ergibt sich, dass sinnvolle Aussagen über die Gegensätzlichkeit von Gutem und Bösem nur innerhalb der geschaffenen Welt möglich sind, also wiederum unterhalb der Sphäre des Göttlichen. Die zunächst befremdliche Konsequenz daraus ist, dass es unsinnig ist, von der Güte Gottes zu sprechen oder auch vom Gegenteil davon: Aussagen über gut und böse sind nur im Bereich des Menschlichen, also innerhalb der Schöpfung, sinnvoll, nicht aber in Hinsicht auf den Schöpfer.

Krass gesagt: der die Lunge geschaffen hat, ist auch der Urheber von Lungenkrebs, ohne dass der Mensch Einwände erheben darf. Das wirft zugleich Licht auf das gesamte Theodizeeproblem, und wir sind aufgefordert, die „Antwort auf Hiob" wieder einmal vorzunehmen.

Es heißt weiter: „Der Abraxas aber spricht das verehrungswürdige und verfluchte wort, das leben und tod zugleich ist." (ebd.) Das dürfte nach dem vorangegangenen verständlich sein. Wie aber reagiert der Mensch darauf? Wieder ist eine paradoxe und reichlich anstößige

Formulierung möglich: Beten und Fluchen ist gleichermaßen Ausdruck der Frömmigkeit.

Geahnt haben das die Menschen schon lange, denn wie erklärte sich sonst das eigenartige Phänomen des „Gegensinns der Urworte": Lat. sacer bedeutet zugleich heilig und verflucht! Das alles ist schwer zu ertragen, und wir werden wohl nicht so weit gehen, demnächst von unseren Kirchen neben den Lob- und Dankgebeten auch Fluchrituale einzufordern. Aber gab es nicht immer schon arme Heiden, die gelegentlich ihren Fetisch verprügeln? Vielleicht war das Lachen darüber doch verfrüht.

Die einmal gewonnene Einsicht über die Gegenläufigkeiten beim Abraxas werden noch weiter ausgebaut: „Der Abraxas zeugt wahrheit und lüge, gutes und böses, licht und finsternis im selben wort, und in derselben tat. Darum ist der Abraxas furchtbar." (Hoeller, S. 59).

Der Akzent liegt hier wiederum auf dem selben – vielleicht sollten wir einmal darauf achten, was in den Sätzen der Vorsokratiker das unscheinbare Wörtchen to auto, das Selbe, bedeuten könnte. Hinweise finden sich an vielen Stellen bei Heidegger, auf die jedoch hier nicht einzugehen ist.

Auch der nächste Satz über den Abraxas, der ihn als den sein Opfer niederschlagenden Löwen und den Frühlingstag schildert, geht in die gleiche Richtung. Einen neuen Ton schlägt jedoch dieser Satz an: „Ja, er ist der große pan selber und der kleine. Er ist Priapos" (ebd.). Rätselhaft ist daran der „kleine" Pan, während uns der große durch den Satz „der große Pan ist tot" eher geläufig ist. Auch die Feststellung „er ist Priapos" dürfte kaum befremden, zumal wenn wir an indische Darstellungen des Shiva-Lingam denken. Erstaunlich ist eher, dass nicht im selben Atemzug vom gebärenden Schoß die Rede ist.

Die folgenden Aussagen gehen in Richtung auf den Teufel und malen nur dessen Furchtbarkeit aus; „Er ist das monstrum der unterwelt, ein polyp mit tausend armen, beflügeltes schlangengeringel, raserei." Männliche und weibliche Formen der Geschlechtlichkeit sind ihm eigen: „Er ist der Hermaphrodit des untersten anfanges."

In Bildern aus dem Tierreich wird die unerschöpfliche Fruchtbarkeit gezeigt: „Er ist der Herr der kröten und frösche, die im wasser wohnen und ans land steigen, die am mittag und um mitternacht im chore singen." Die folgenden Charakterisierungen knüpfen an das an, was über das Pleroma gesagt wurde. So heißt es:

> Er ist das Volle, das sich mit dem Leeren einigt.
> Er ist die heilige begattung.
> Er ist die liebe und ihr mord.
> Er ist der heilige und sein verräter.
> – sollte hier an Jesus und den Verräter Judas gedacht sein?
> Er ist das hellste licht des tages und die tiefste nacht des wahnsinns.

Hier klingt die Erfahrung aus der Psychiatrie an. Wie wirkt sich nun dieses Paradox auf den Menschen aus, der da glaubt, verehrt und anbetet? „Ihn sehen, heißt blindheit."

Das ist noch im Rahmen des Altbekannten: das überhelle Licht des Göttlichen blendet den Sterblichen. „Ihn erkennen heißt krankheit." Das nun wiederum ist erstaunlich, denn das Bestreben der Menschen in der Spätantike ging doch auf die Gnosis, also die höchste geistige Überlegenheit und Gesundheit. „Ihn anbeten heißt tod." Hier wird vor der Verehrung dieses Gott-Ungeheuers geradezu gewarnt. Dagegen klingt es wieder konventionell: „Ihn fürchten heißt weisheit" vgl. „Der Anfang der Weisheit ist die Furcht des Herrn", Ps. 110,10. Ähnlich: „Ihm nicht widerstehen heißt erlösung."

Voller poetischer Bilder sind die nächsten Sätze: „Gott wohnt hinter der sonne, der Teufel wohnt hinter der nacht. Was Gott aus dem licht gebiert, zieht der Teufel in die nacht. Der Abraxas aber ist die welt, ihr werden und vergehen selber. Zu jeder gabe des Gottes Sonne stellt der Teufel seinen fluch."

Der Lehrer Basilides kann gar nicht genug widersprüchliche Aussagen aufeinandertürmen: „Alles, was ihr von Gott Sonne erbittet, zeugt eine tat des Teufels." Das geht auf die geradezu verzweifelte Lage und Ohnmacht des Menschen: selbst seine besten Absichten führen in letzter Konsequenz ins Verderben.

Was aber wäre die richtige Folgerung daraus? Hier tut sich eine mögliche Steigerung auf von der stoischen Hinnahme der Lage über den Quietismus bis hin zum Islam, aber der fällt noch nicht in das Gesichtsfeld der Gnosis. „Alles, was ihr mit Gott Sonne erschafft, giebt dem Teufel gewalt des wirkens." Man könnte dabei an die heutige Technik denken und ihre unabsehbaren verderblichen Folgen.

Alle diese letzten Schilderungen fasst zusammen: „Das ist der furchtbare Abraxas."

Auch diese Einsicht wird weiter entfaltet: „Er ist die gewaltigste Creatur und in ihm erschrickt die Creatur gegen das Pleroma und sein nichts."

Das heißt doch, dass dem Anfang, als alles noch im Pleroma eingefaltet ist, eine gewisse Unschuld eignet, und je weiter sich die Kreatur von diesen Anfängen entfernt, umso negativer sind die Folgen. Diese Lehre bildet geradezu den Gegenpol zu Nietzsches Formulierung von der „Unschuld der Werdens" in der „Götzendämmerung."

Hier heißt es abschließend: „dass die Welt weder als Sensorium, noch als ‚Geist' eine Einheit ist, dies erst ist die große Befreiung." Wir leugnen Gott, wir leugnen die Verantwortlichkeit in Gott: damit erst erlösen wir die Welt" (Nietzsche, Schlechta II, 978). Man erkennt unschwer, dass es sich hier auch um eine Gnosis handelt, aber eine konkurrierende. (Übrigens hat Alfred Baeumler unter dem Titel „Die Unschuld des Werdens" eine eigene Sammlung der Nachlassfragmente veröffentlicht. KTA Bd. 82-83. Leipzig 1931.)

Bei Basilides/Jung wird dem Gott gerade die Unschuld abgesprochen, aber diese Einsicht hilft dem Menschen nicht, weil es keine übergeordnete Instanz gibt, an die er appellieren könnte. Auch dies ein Ausblick auf das Hiob-Problem, dem sich C. G. Jung in seinem späteren Werk gestellt hat.

Aber weiter in dem Dritten Sermon über den Abraxas: „Er ist das entsetzen des sohnes vor der mutter." Das könnte als Anspielung auf frühere Fruchtbarkeitskulte verstanden werden: Die berechtigte Furcht des Sohn-Geliebten vor der Verschlingenden Mutter. Solche Anschauungen waren Jung geläufig.

Dann aber wird formuliert: „Er ist die liebe der mutter zum sohne." Für diese Liebe möchte man sich fast bedanken. Wiederum über den Abraxas: „Er ist das entzücken der erde und die grausamkeit der himmel." Darum verwundert es nicht, wenn es gleich danach heißt: „Der mensch erstarrt vor seinem Antlitz."

Sein Wirken macht den Menschen sprachlos: „Vor ihm giebt es nicht frage und nicht antwort." Dieser Gottesbegriff steht also im diametralen Gegensatz zu dem Gott, der „das Wort" ist; ein indirekter Hinweis darauf, weshalb die Toten eben nicht in „Jerusalem" eine Antwort auf ihre Fragen finden konnten, wenn ihnen die Heiligen Schriften nicht mehr genügten. Gerade dieser Aspekt ist wichtig, wenn später erörtert werden soll, weshalb es Jung überhaupt zur Gnosis drängt und er im überkommenen Glauben kein Genügen finden kann.

Nun klingt es geradezu positiv im nächsten Satz, wenn ungeachtet des Voraufgegangenen über Abraxas gesagt wird: „er ist das leben der Creatur." Das kann doch nur heißen, dass wir den Begriff des Lebens nicht ungeprüft und fraglos als etwas Gutes ansehen dürfen, und zwar gerade auch in Hinsicht darauf, dass das großgeschriebene LEBEN oben als ein Gottesbegriff gebraucht wurde.

Weiter: „Er ist das wirken der Unterschiedenheit." Wie das? Ist er nicht gerade erst als das Ununterschiedene vorgestellt worden? Dieser Satz kann doch nur als Hinweis darauf verstanden werden, dass am Gott Abraxas unsere herkömmliche Logik zuschanden wird.

Wieder folgt ein Satz, der dem früher Gesagten schlicht widerspricht: „Er ist die liebe des menschen." Man wird nicht fehlgehen, wenn man „die liebe des Menschen" als Genitivus objectivus auffasst: er ist dasjenige Seiende, auf das sich die Liebe der Menschen bezieht. Man hätte eher das Gegenteil erwartet: er ist dasjenige, vor dem die Menschen in wohlerwogenem Selbstschutz auf der Flucht sind.

Ähnlich der nächste Satz: „Er ist die rede des Menschen", soll heißen, von dem die Rede der Menschen erfüllt ist nach dem Satz: wess' das Herz voll ist, dess' fließt der Mund über.

Rätselhaft klingt dagegen: „Er ist der schein und der schatten des menschen." „Schatten" ist wohl nicht im tiefenpsychologischen Sinn aufzufassen, sondern eher als der ständige Begleiter, den in der bekannten Dichtung der Peter Schlemihl zu Geld gemacht hat.

Verständlicher nach dem bisher Gehörten ist dagegen der letzte Satz der Dritten Rede. „Er ist die täuschende wirklichkeit." Das ist nun wieder polemisch gegen einen biblischen Satz, in diesem Fall das johanneische Wort: „Ich bin der Weg, die Wahrheit und das Leben." Dem haben die Christen und damit auch die Toten bisher ihr gläubiges Vertrauen zugewandt. Verständlich also, wenn sie nun „heulten und tobten." Allerdings ist die Begründung wieder rätselhaft: „denn sie waren unvollendete."

Verständlich wird dieser Satz nur, wenn man ihn ins Griechische übersetzt und als Mysteriensprache interpretiert, dann ist teleios nicht nur der Vollendete, sondern der Eingeweihte. Als bisher nicht in die Mysterien Eingeweihte stellen die Toten ja gerade ihre Fragen an den gnostischen Lehrer, aber was sie von ihm an Belehrung erhalten, können sie natürlich nicht ohne weiteres annehmen, und es ruft ihren Widerstand hervor.

Nach der ausführlichen Erörterung der ungewohnt harten Gotteslehre in der dritten Rede können wir aus den noch folgenden nur noch Einzelnes hervorheben. Die Fragen, die der Vierten Rede voraufgehen, beziehen sich auf das bereits Gehörte. Entsprechend handelt es sich bei den Antworten um Nachträge und Corollarien. Auf die Frage nach Gott und Teufeln bekommen die Toten Antworten, die eher weitere Rätsel aufgeben.

„Gott Sonne ist das höchste gut, der Teufel das gegenteil, also habt ihr zwei Götter." Das klingt zunächst nach einem Dualismus, der doch gerade überwunden schien durch eine Lehre, die Gut und Böse, Gott und Teufel in seiner Wesenheit zusammensieht. Es wird sogar noch komplizierter: „… darum giebt es zwei gotteufel, der eine ist das BRENNENDE und der andere das WACHSENDE." (60) Das wird so konkretisiert: „das Brennende ist der EROS" in gestalt der flamme. Sie leuchtet, indem sie verzehrt." Das ist für sich genommen noch nicht verständlich, macht jedoch den Konfliktstoff unzähliger Romane aus.

Auch der nächste Satz knüpft an Bekanntes an: „Das Wachsende ist der BAUM DES LEBENS, er grünt, indem er wachsend lebendigen stoff anhäuft." Auch das nächste klingt noch vertraut: „Der Eros flammt auf und stirbt dahin, der Lebensbaum aber wächst langsam und stätig durch ungemessene zeiten." Auch das ist nichts Befremdliches. Dann aber folgt wieder die spezifisch gnostische Feststellung: „Gutes und übles einigt sich in der flamme", und „Gutes und übles einigt sich im wachstum des baumes." Zum erstgenannten Satz könnte man als Illustration heranziehen, was Friedrich Schiller im Lied von der Glocke über die Gewalt des Feuers sagt („wohltätig ist des Feuers Macht…"), und zum zweiten ließe sich als Beispiel etwa das Krebswachstum nennen.

Als Zusammenfassung dient dann der nächste Satz: „Leben und liebe stehen in ihrer göttlichkeit gegeneinander." Ungewohnt und anstößig ist dabei das „gegeneinander."

Weiter heißt es: „Unermeßlich, wie das heer der sterne ist die zahl der götter und teufel." Das klingt eher nach einer Drohung als nach einer Predigt. – Rätselhaft dann wieder das Folgende: „Jeder Stern ist ein Gott und jeder raum, den ein stern füllt, ist ein teufel. das leervolle des ganzen aber ist das Pleroma." (61)

Dass jeder Stern von einem göttlichen Wesen gesteuert wird, ist eine bekannte antike Anschauung. Darauf beruht auch die Astrologie.

Aber warum soll der Raum, den ein Stern ausfüllt, ein Teufel sein? Dafür gibt es keine älteren Analogien. Verständlicher ist dagegen jetzt ein Neologismus: das „Leervolle." Das ist gewissermaßen die vollständige Beschreibung des Pleroma, von dem wir naiverweise nur das Positive, nämlich die Fülle, begriffen hatten. So geht also der gnostische Lehrer auch über die gewohnten philosophischen Begriffe hinaus. Eben dieses „Über-Hinaus" ist das Charakteristikum der Gnosis.

Zur Erinnerung: in der bekannten Dreigliederung der Menschen hat die erste Gruppe, die der Hyliker, überhaupt kein Wissen. Die nächste Teilmenge, die der kirchlich Gläubigen, wird die der Psychiker genannt, und sie verfügt über ein anfängliches, aber unzureichendes Wissen – darum fragen sie ja auch bei dem Lehrer an. Dieser aber verfügt als Gnostiker über das vollständige Wissen, das mehr als ein Ergebnis gedanklicher Arbeit ist, das Orientierung verleiht und darum Heilswissen genannt werden kann. Wir haben also in den Septem Sermones einen Weg der Einweihung vor uns, den natürlich nicht jeder so ohne weiteres mitgehen kann. Daher das Heulen, der Protest und der Tumult. Dem wollte sich der Autor, also C. G. Jung, offensichtlich nicht gern aussetzen, weshalb er den Text zunächst sekretiert hatte.

Aus der vierten Rede noch diesen zusammenfassenden Satz: „Die wirkung des ganzen ist der Abraxas, nur unwirkliches steht ihm entgegen." (61) Man erinnert sich an Hegel: „Das Wahre ist das Ganze. Das Ganze ist aber nur das durch seine Entwicklung sich vollendende Wesen." („Phänomenologie des Geistes." WW Bd. 3, 24) Man wird also, wie das schon längst geschehen ist, auch Hegel zu den Gnostikern rechnen können.

Traditionelles Gut enthält der folgende Satz: „Vier ist die zahl der ausmessungen der Welt." Mit ebendieser Begründung schränkt Irenaeus auch die Anzahl der kanonischen Evangelien auf vier ein.

Es folgt etwas Zahlensymbolik: „Eins ist der anfang, der Gott Sonne." Es ist möglich, dass die Menschen in der frühesten Zeit sogar durch ebendiesen Anblick der Sonne sowohl die Zahl Eins wie die Erfahrung des Gottes kennengelernt haben, als sie nämlich aus dem Urwald in die offene Savanne kamen. Sodann heißt es: „Zwei ist der Eros, denn er verbindet zwei..." Allerdings ist die Zwei auch die Zahl des Streites, der Ent-Zweiung. Die folgenden Zuordnungen sind weniger einsichtig: „Drei ist der Baum des lebens, denn er füllt den raum mit körpern."

Vollends unverständlich ist aber das Nächste: „Vier ist der Teufel, denn er öffnet alles geschlossene; er löst auf alles geformte und körperliche; er ist der zerstörer, in dem alles zu nichts wird." Jung mag hier an die griechische Wurzel des Namens Teufel gedacht haben; diábolos, der Durcheinanderwerfer.

Im nächsten Abschnitt heißt es: „Wohl mir, dass es mir gegeben ist, die vielheit und verschiedenheit der götter zu erkennen. Wehe auch, dass ihr diese unvereinbare vielheit durch einen Gott ersetzt." Das geht gegen die Grundüberzeugung des Judentums (und des Islams), während die Trinitätslehre eher damit vereinbar sein mag. – Diese Warnung ist sogar noch mit einer Strafandrohung versehen: „Dadurch schafft ihr die qual des nichtverstehens und die verstümmelung der Creatur, deren wesen und trachten unterschiedenheit ist."

Damit wird das schmerzvolle Nichtverstehen und Nichtwissen, die agnosía, als Folge der verderblichen Trennungen innerhalb der Natur erklärt. Allerdings ist es nicht so klar, weshalb etwa die Gliederung der Materie in die 92 Elemente für den Menschen schmerzvoll ist. Diese Trennung kann im Anfang der Schöpfung nicht bestanden haben, nach heutiger Ausdrucksweise: vor dem Urknall. Also bedeutet jegliche Entwicklung über den Nullpunkt hinaus, also das Werden der Welt, gerade den Anfang des Verderbens. Der gnostische Lehrer setzt also die Erbsünde ganz tief an und nicht erst nach der Ausdifferenzierung des Geschöpflichen, und er widerspricht hier dem Bericht des Buches Genesis, wonach der Schöpfer sein Werk auf dieser Stufe für „sehr gut" befunden hat. (Gen 2,31)

Die Fluchrede wird noch fortgesetzt: „Wie seid ihr eurem wesen getreu, wenn ihr das viele zum einen machen wollt?" Sehr zu bedenken ist aber auch das Folgende: „Was ihr an den göttern tut, geschieht auch an euch. Ihr werdet alle gleich gemacht und so ist euer wesen verstümmelt." Man könnte fragen, ob hier Buddhistisches hereinspielt: Der Zersplitterung der Einzelgeschöpfe ist als positives Ziel das Eingehen in das ununterschiedene Nirvana entgegengesetzt.

Rätselhaft ist dann dieses: „Um des Menschen willen herrsche gleichheit, denn der götter sind viele, der menschen aber wenige." Hier wird die traditionelle Anschauung in ihr Gegenteil verkehrt.

Zugleich könnte man darin eine Entwertung der Götter sehen, wenn ihre Zahl wie durch Inflation vermehrt ist. Stehen dann die wenigen Menschen höher im Kurs? So gesehen, führt diese Gnosis zur Aufwertung des Menschen, was ein Schritt zur Erlösung angesehen werden kann. Aber die nächsten Sätze bringen sogleich die Richtigstellung: „Die götter sind mächtig, und ertragen ihre mannigfaltigkeit, denn wie die sterne stehen sie in einsamkeit und ungeheurer entfernung von einander." Das könnte man freilich von den Atomen auch aussagen, und die Entfernung relativiert sich. Weiter heißt es: „Die menschen sind schwach und ertragen ihre mannigfaltigkeit nicht, denn sie wohnen nahe beisammen und bedürfen der gemeinschaft, um ihre besonderheit tragen zu können." (62)

Hier wird das Bedürfnis nach Gemeinschaft und Nähe aus der menschlichen Schwäche abgeleitet. Was folgt daraus? Je weiter ein Mensch in seiner Individuation fortgeschritten ist, umso weniger braucht er die anderen: Es ist ein Wort von Miguel de Unamuno überliefert, das genau in diese Richtung zielt: „Ich bin meine Partei. Wenn ein anderer in diese eintritt, trete ich aus." Was nun die alten Gnostiker angeht, so haben sie es nicht einmal zur Gemeindebildung gebracht. Man wird ihre Zusammenkünfte eher als Gesprächskreise bezeichnen können. Allein die Manichäer haben eine Hierarchie und eine kirchliche Verfassung entwickelt.

Es folgt ein rätselhafter Satz: „Um der erlösung willen lehre ich euch das verwerfliche, um dessentwillen ich verworfen ward." Wer ist da verworfen worden? Vom gnostischen Lehrer Basilides ist zu seinen Lebzeiten nichts derartiges bekannt, und die heftige Ablehnung durch die Kirchenväter Irenaeus und Hippolyt kann doch nicht gemeint sein.

Es wird dann ein Stück Götterlehre nachgereicht, das aber nicht sehr glücklich an das Vorhergehende anschließt: „Die vielzahl der Götter entspricht der vielzahl der menschen." Hatte es nicht eben noch geheißen, die Götter seien zahlreicher als die Menschen? Man sieht wiederum, dass wir mit der Logik allein nicht weiterkommen. Interessant ist das Folgende: „Unzählige götter harren der menschwerdung."

Damit ist die Menschwerdung des Gottessohnes relativiert, wenn sie nicht mehr einzigartig sein soll; übrigens fällt der Name des Jesus an keiner Stelle.

Der Satz geht dann so weiter: „Der Mensch hat am wesen der götter teil, er kommt von den Göttern und geht zum Gotte." Der Anfang ist gut biblisch: der Mensch ist nach Gottes Bild und Gleichnis erschaffen. Die zweite Hälfte ist wieder gnostisches Gemeingut: Der Mensch ist aus seiner eigentlichen Heimat, dem Bereich des Göttlichen, in die Welt der Materie gefallen und strebt wieder nach oben. Dazu verhilft ihm die Gnosis, die die Richtung weist. Aber singen nicht auch die Christen: „Wir sind nur Gast auf Erden und streben ohne Ruh' mit mancherlei Beschwerden der ewigen Heimat zu?" Sind das noch gnostische Anklänge?

Weiter heißt es: „So, wie es sich nicht lohnt, über das Pleroma nachzudenken, so lohnt es nicht, die vielheit der götter zu verehren. Am wenigsten lohnt es sich, den ersten Gott, die wirksame Fülle und das summum bonum zu verehren. Wir können durch unser gebet nichts dazu tun und nichts davon nehmen, denn die wirksame leere schluckt alles in sich auf. Die hellen götter bilden die himmelswelt..."

Zum ersten Teil: Noch Thomas von Aquin zitiert das Wort des Predigers: „Altiora te ne quaesieris" (Eccl. 3,22), strebe nicht nach dem, was über dir ist, und er legt ausführlich dar, weshalb es doch statthaft ist, Theologie zu treiben. (Summa Theol. I,1,1)

Es heißt dann: „Die dunklen götter bilden die erdenwelt. Sie ist einfach und unendlich sich verkleinernd und vermindernd. Ihr unterster herr ist der Teufel, der mondgeist, der trabant der erde, kleiner und kälter und toter als die Erde." Zum Beginn: Die Anschauung vom Unteilbaren, dem Atom, ist längst aufgegeben. Es scheint in der Zusammensetzung des unendlich Kleinen nach unten keine Grenze zu geben. – Traditionell wieder ist die Idee, den Teufel mit der Kälte in Verbindung zu bringen.

Das Folgende gibt noch eine Bestätigung: „Es ist kein unterschied in der macht der himmlischen und der erdhaften götter. Die himmlischen vergrößern, die erdhaften verkleinern. Unermeßlich ist beiderlei richtung." Also Unendlichkeit des Großen und Kleinen. Das freilich berührt den Menschen nicht, der in der Mitte zwischen Mikro- und Makrokosmos angesiedelt ist.

Die Fünfte Rede handelt von der Kirche. Darüber schweigt der Lehrer bezeichnenderweise. Einmal haben die Gnostiker selbst keine Kirche gegründet, und dann darf man wohl sagen, dass auch C. G. Jung sich von der frommen Vereinsmeierei ferngehalten hat. Für ihn steht die Individuation im Mittelpunkt und nicht die Stallwärme. So nimmt es nicht wunder, wenn sein Sprecher Basilides sogleich ganz andere Formen des Gemeinschaftlichen beschreibt.

„Die welt der götter verdeutlicht sich in der geistigkeit und in der geschlechtlichkeit. Die himmlischen erscheinen in der geistigkeit, die erdhaften in der geschlechtlichkeit." Daraus folgt: in beiden Bereichen erfährt der Mensch das Göttliche, nur sind es jeweils andere Götter, die im Geistigen und die im Geschlechtlichen erfahren werden. Der gnostische Lehrer erläutert:

„Geistigkeit empfängt und erfasst. Sie ist weiblich und darum nennen wir sie MATER COELESTIS, die himmlische mutter. Geschlechtlichkeit zeugt und erschafft. Sie ist männlich und darum nennen wir sie PHALLOS, den erdhaften vater. Die geschlechtlichkeit des mannes ist mehr erdhaft, die geschlechtlichkeit des weibes ist mehr geistig. Die geistigkeit des mannes ist mehr himmlisch, sie geht zum größeren. Die geistigkeit des weibes ist mehr erdhaft, sie geht zum kleineren. Lügnerisch und teuflisch ist die geistigkeit des mannes, die zum kleineren geht.

Lügnerisch und teuflisch ist die geistigkeit des weibes, die zum größeren geht. Jeder gehe zu seiner Stelle. Mann und weib werden aneinander zum teufel, wenn sie ihre geistigen wege nicht trennen, denn das wesen der Creatur ist unterschiedenheit. Die geschlechtlichkeit des mannes geht zum erdhaften, die geschlechtlichkeit des weibes geht zum geistigen. Mann und weib werden aneinander zum teufel, wenn sie ihre geschlechtlichkeit nicht trennen.

Der Mann erkenne das kleinere, das weib das größere. Der Mensch unterscheide sich von der geistigkeit und von der geschlechtlichkeit. Er nenne die geistigkeit Mutter und setze sie zwischen himmel und erde. Er nenne die geschlechtlichkeit Phallos und setze sie zwischen sich und die erde, denn die Mutter und der Phallos sind übermenschliche daemonen und verdeutlichen die götterwelt. Sie sind uns wirksamer als die götter, weil sie unserm wesen nahe verwandt sind. Wenn ihr euch von der geschlechtlichkeit und der geistigkeit nicht unterscheidet und sie nicht als wesen über euch und um euch betrachtet, so verfallt ihr ihnen als eigenschaften des Pleroma. Geistigkeit und geschlechtlichkeit sind nicht eure eigenschaften, nicht dinge, die ihr besitzt und umfasst, sondern sie besitzen und umfassen euch, denn sie sind mächtige daemonen, erscheinungsformen der götter, und darum dinge, die über euch hinaus reichen und an sich bestehen. Es hat einer nicht die geistigkeit für sich oder eine geschlechtlichkeit für sich, sondern er steht unter dem gesetz der geistigkeit und der geschlechtlichkeit. Darum entgeht keiner diesen daemonen. Ihr sollt sie ansehen als daemonen und als gemeinsame sache und gefahr, die das leben euch aufgebürdet hat.

So ist euch auch das leben eine gemeinsame sache und gefahr, ebenso auch die götter und zuvörderst der furchtbare Abraxas (...) In der gemeinschaft ordne sich jeder dem andern unter, damit die gemeinschaft erhalten bleibe, denn ihr bedürft ihrer. Im einzelsein ordne sich einer dem andern über, damit jeder zu sich selber komme und sklaverei vermeide." Am Ende der Fünften Rede stehen diese Gebote:

„In der gemeinschaft gelte enthaltung. Im einzelsein gelte Verschwendung. Die gemeinschaft ist die tiefe, das einzelsein die höhe. Das richtige maß im einzelsein reinigt und fügt hinzu. Die gemeinschaft gibt uns wärme, das einzelsein gibt uns licht." (64)

Soweit also der Traktat über Geistiges und Geschlechtliches, den ich nicht kommentierend unterbrechen wollte. Wenn er überhaupt einen einsehbaren Sinn hat, werden Sie ihn bestätigen können, wenn nicht, wäre dieser Sermo eine taube Nuss.

Die Rede von der Geschlechtlichkeit bestimmt auch die VI. Rede: Am Beginn steht eine biblische Reminiszenz: „Der daemon der geschlechtlichkeit tritt zu unserer seele als eine schlange. Sie ist zur hälfte menschenseele und heißt gedankenwunsch. Der daemon der geistigkeit senkt sich in unsre seele herab und heißt wunschgedanke."

Die weiteren gewundenen Ausführungen über die Schlange als einer erdhaften Seele müssen hier nicht mehr zitiert werden. Vieles wiederholt sich, und die Inspiration der Sermones versiegt langsam. Das finden auch die Zuhörer, die Toten, und wehren eher ab: „Die toten blickten mit verachtung und sprachen: Höre auf von göttern, daemonen und seelen zu reden. Das wussten wir im grunde schon längst." (65)

Auch die abschließende siebente Rede kann kurz abgehandelt werden. Ihr Thema ist der Mensch, aber wie etwas, was die Fragenden beinahe vergessen hätten. Darum soll nur dieser Abschnitt angeführt werden: „Der Mensch ist ein thor, durch das ihr aus der götter, daemonen und seelen eintretet in die innenwelt, aus der größeren welt in die kleinere welt. Klein und nichtig ist der mensch, schon habt ihr ihn im rücken, und wiederum seid ihr im unendlichen raume, in der kleineren oder inneren unendlichkeit." (66)

Bemerkenswert ist hier der Zug nach innen, zur Introversion. Dort im Inneren findet der Mensch jedoch zur „inneren Unendlichkeit." Damit ist wohl der Hauptgedanke der Tiefenpsychologie von C. G. Jung angesprochen.

Bemerkenswert ist auch das Folgende: „In unermeßlicher entfernung steht ein einziger stern im zenith. Dies ist der eine Gott dieses einen, dies ist seine welt, sein Pleroma, seine göttlichkeit."

Noch einmal kehrt der gnostische Lehrer zu dem von ihm verkündeten Gott zurück, wenn es heißt: „In dieser welt ist der mensch der Abraxas, der seine welt gebiert oder verschlingt. Dieser stern ist der Gott und das ziel des menschen. Dies ist sein einer führender Gott, in ihm geht der mensch zur ruhe, zu ihm geht die lange reise der seele nach dem tode, in ihm erglänzt als licht alles, was der mensch aus der größeren welt zurückzieht." Es folgen noch wenige Sätze, dann steht dieses Bild am Schluss: „Darauf schwiegen die toten und stiegen empor wie rauch über dem feuer des hirten, der des nachts seiner herde wartete." (67) So sind die Toten am Ende doch noch zufriedengestellt mit der letzten Rede des Basilides, und sie können „wie Rauch" dahin steigen, wohin sie im Grunde schon immer hinstrebten.

Damit sind wir an das Ende dieser gedankenreichen Dichtung angekommen, und wir spüren, dass dieser Text eher meditiert als interpretiert werden sollte. Wer mit dem Werk des großen Tiefenpsychologen und Mystagogen vertraut ist, wird damit keine Schwierigkeiten haben. Wer es nicht ist, kann hier den Einstieg zu einer lebenslangen Auseinandersetzung finden. Dabei ist immer vorausgesetzt, dass der Leser Toleranz und guten Willen mitbringt und sich auch an der Jugendstil-Metaphysik mancher Passagen nicht stört.

Einen längeren Kommentar anzufügen, erübrigt sich wohl. So sei nur noch ein Zitat aus dem Eranos-Vortrag eines bedeutenden Kenners der Gnosis angeführt, der sich eingehend mit den Sermones beschäftigt hat. In seinem Vortrag „C. G. Jung und die Gnosis" auf der Eranos-Tagung des Jahres 1968 führt Gilles Quispel aus:

In Bezug auf die eigenartigste Lehre der Sermones, die Einführung des Gottes Abraxas, sagt Quispel: „Es ist für mich nicht zweifelhaft, dass Jung diese Änderung bewusst vollzogen hat. Er war bewandert in der antiken Religionsgeschichte und muss die Abraxas-Gemmen gekannt haben; außerdem hat er das Buch „Abraxas" von Albrecht Dieterich (Leipzig 1891) sicher gelesen.

Das bedeutet nun aber nicht, dass die anstößige, fundamentale Auffassung von Jung, nach welcher das Gottesbild, und so auch die Gottheit, Gutes und Böses umfassen soll, kein Analogon in den gnostischen Quellen hat. Es ist gar nicht gnostisch. Man kann es magisch nennen, aber dann eine Magie auf jüdischer Grundlage. Sagt doch der Herr bei Jesaja: „Ego sum qui condo mala" (45,7). Und Amos sagt (3,6): „Geschieht Böses in der Stadt, ohne dass der Herr es wirkt?" Und weiter in diesem Vortrag: „Und für die Judenchristen war der Teufel die linke Hand Gottes. Ps.-Clem., Hom. XX,3,6: „Er tötet durch die linke Hand, nämlich durch das Böse, das so beschaffen ist, dass es sich über die Verletzung der Gottlosen freut. Aber Er rettet und tut wohl durch die rechte Hand, das heißt durch das Gute, das geschaffen ist, um den Gerechten wohlzutun und sie zu retten." Quispel resümiert: „Das zeugt natürlich für die Authentizität der religiösen Erfahrung Jungs. Aber zugleich zeigt es, dass es nicht so leicht ist, einen neuen Gott zu entdecken." (Eranos-Jb 1968, S. 295) Auch diese Bemerkung sei noch referiert, dass die Schlussbemerkung Jungs über den einen Gott ohne Analogon bei Basilides ist. (ebd.)

Es ist nur recht und billig, wenn am Ende unserer Erwägungen dem großen Lehrer das letzte Wort überlassen bleibt. So schreibt Jung in einem Brief aus dem Jahre 1960:

„Ich kann Ihnen versichern, dass ich gerade durch meine analytische Arbeit nicht nur zum Verständnis der christlichen Religion gelangt bin, sondern ich könnte sagen: aller Religionen.

Die Freudsche Auffassung, nach welcher Religionen nur aus Verbotssystemen bestünden, ist sehr eng und beruht auf einer Unkenntnis der verschiedenen Religionen.

Genau gesagt, halte ich mich für einen Christen, bin aber zugleich davon überzeugt, dass das heutige Christentum nicht die letzte Wahrheit darstellt; das beweist die chaotische Situation unserer Zeit. Der augenblickliche Zustand erscheint mir unerträglich, darum erachte ich eine grundlegende Weiterentwicklung des Christentums für absolut notwendig. Meiner Meinung nach müßten die Erkenntnisse der Psychologie des Unbewussten berücksichtigt werden." (C. G. Jung, Br. III, 322 f.)

Spiegelungen und Echo

In direkter Nachwirkung zu den Septem Sermones steht der Entwicklungsroman „Demian. Die Geschichte einer Jugend" von Hermann Hesse, der zuerst unter dem Pseudonym Emil Sinclair erschienen ist (Berlin 1920). Eine durch den Analytiker Hesses, Lang, vermittelte Kenntnis der Sermones kann angenommen werden.

Die Gestalt des Abraxas gab dem gleichnamigen dramatischen Ballett von W. Egk den Namen (Uraufführung München 6. Juni 1948), das der bayerische Kultusminister Alois Hundhammer mit seinem Verbot beehrt hat.

Der chilenische Autor und Diplomat Miguel Serrano bezieht sich in seinem Erinnerungsbuch „Meine Begegnungen mit C. G. Jung und Hermann Hesse in visionärer Schau", deutsch Zürich 1968, auch auf die Septem Sermones ad Mortuos (S. 122-126). Gerhard Wehr hat in seinem Buch „Esoterisches Christentum", Stuttgart 1975, ein sehr instruktives Kapitel über C. G. Jung als Esoteriker (S. 261. 268), erwähnt aber die Sermones nicht eigens.

Das Unbewusste
C. G. Jung und Eduard von Hartmann

Seinem Buch „Eduard von Hartmann. Einführung in seine Gedanken-
welt" (Gotha 1907) hat Theodor von Kappstein zwei längere Zitate aus
Werken seines Autors vorangestellt. Das erste lautet: „Im Streite der
Meinungen recht behalten und dieses Recht durch zwingende Beweise
unwiderleglich begründen zu wollen, ist niemals meine Absicht gewesen;
je älter ich geworden bin, desto besser habe ich einsehen gelernt, dass
dasjenige, was Wahrheit besitzt, sich ganz anders als auf diese Weise
Bahn bricht, nämlich durch Anregung noch leidlich Unbefangener zu
eigenem Forschen und Denken." Es könnte sich als lohnend erweisen,
einmal der Frage nachzugehen, welche Anregungen C. G. Jung aus
dem Werk von Eduard von Hartmann aufgenommen und in seinem
Lebenswerk verarbeitet hat.

Den Anlass zu dieser Fragestellung hat Jung selbst gegeben durch
einige verstreute Bemerkungen über diesen Autor des 19. Jahrhunderts. Sie sind allerdings nicht gerade häufig und auch eher an entle-
genen Stellen zu finden. So heisst es in einem Brief aus dem Jahre 1959:
„Unter den Philosophen waren es vor allem Plato, Kant, Schopenhauer,
Ed. v. Hartmann und Nietzsche, die meine Bildung beeinflussten.
Wenigstens umschreiben diese Namen meine wichtigsten Philosophie-
studien", und Jung fährt fort: „Aristoteles hat mich nie besonders interessiert, ebensowenig Hegel..." (Briefe III. 1956-1961. Olten und Frei-
burg im Breisgau 1973, S. 246.) Es handelt sich um einen Brief vom 27.
IV. 1959 an Joseph F. Rychlak, Director State College of Washington,
Pullman (Washington, USA).

Es fällt auf, dass Jung hier den heute so gut wie vergessenen Eduard
von Hartmann wie selbstverständlich zusammen mit den ganz großen
Gestalten der abendländischen Philosophie nennt, und dass er ihn als
für seine Bildung für bedeutsamer hält als etwa Aristoteles und Hegel,
die ihn beide offenbar nicht näher beschäftigt haben.

Wer nun nach weiteren Erwähnungen des Philosophen im veröffentlichten Werk C. G. Jungs sucht, wird enttäuscht; lediglich in seinem Erinnerungsbuch finden sich noch zwei namentliche Hinweise. Auch sie beziehen sich auf die frühen Jahre, in denen sich das selbständige Denken Jungs erst langsam herausbildete, die aber ebendeshalb als besonders aufgeschlossen und empfänglich angesehen werden können. Wieder werden die hauptsächlich und in ihren Originalwerken studierten philosophischen Autoren knapp aufgezählt, wobei gleich einschränkend bemerkt wird: „Die folgenden klinischen Semester waren so voll, dass mir zu meinen Ausflügen in abgelegene Gebiete fast keine Zeit blieb. Nur an Sonntagen konnte ich Kant studieren. Ich las auch eifrigst E. von Hartmann." Bemerkenswert ist auch das Folgende: „Nietzsche hatte schon für einige Zeit auf dem Programm gestanden, aber ich zögerte mit der Lektüre, da ich mich ungenügend vorbereitet fühlte." (Erinnerungen Träume Gedanken von C. G. Jung. Aufgezeichnet und herausgegeben von Aniela Jaffé. Zürich und Stuttgart 1963, S. 108)

Hier wird also wieder Hartmann zusammen mit einem der ganz großen Denker genannt und trotz der knappen Zeit, die der straffe Studienbetrieb dem Medizinstudenten ließ, „eifrigst" gelesen, während Nietzsche noch zurückgestellt wird; lediglich Schopenhauer ist zuvor erwähnt worden, für alle anderen Philosophen mussten offenbar die Angaben genügen, die im „alten Krugschen Lexikon der Philosophie" zu finden waren (a. a. O., S. 165). Gemeint ist offenbar Wilhelm Traugott Krug (1776-1842), „Handbuch der Philosophie und philosophischen Literatur." 2 Bde. Leipzig 1820-1821.

Um nun die Bedeutung und das Lebenswerk des heute so gut wie vergessenen Eduard von Hartmann würdigen zu können, sind einige biographische Angaben vorauszuschicken. Er wurde am 23. Februar 1842 in Berlin geboren als einziges Kind eines Hauptmannes der Artillerie und späteren Generals. Hartmann wurde offenbar planmäßig und mit großer Sorgfalt erzogen; so lernte er schon mit vier Jahren spielerisch das Lesen. Er besuchte die Schule und später das Friedrichswerdersche Gymnasium und befasste sich in einem ganzen Kreis von hochbegabten Jungen und Mädchen nicht nur mit dem anspruchsvollen Stoff der Schule, sondern auch recht intensiv mit den bildenden Künsten und der Musik. Beides offenbar mit so viel Erfolg, dass er als junger Mann unschlüssig war, welche der beiden künstlerischen Richtungen sein Leben bestimmen sollte. Er entschied sich aber doch für ein Universitätsstudium und dann für die militärische Laufbahn. Darin wäre er, begabt für Mathematik und Trigonometrie und interessiert an den Naturwissenschaften, sicher bis in den Großen Generalstab aufgestiegen, wenn ihn nicht im Juli 1861 ein schwerer Unfall aus der Bahn geworfen hätte. Er erlitt eine Kontusion der linken Kniescheibe und war in der Folge ein Leben lang behindert. Spätere Operationen haben das Übel nur noch verschlimmert, und so war er – bis auf wenige Reisen in Kurorte – ganz ans Haus und zuletzt an sein Lager gefesselt.

Dieses schwere Schicksal ließ ihn jedoch nicht resignieren, sondern er wandte sich wieder mit voller Energie seinen Studien zu, nun allerdings als Privatgelehrter und ausschließlich zu Hause.

Hartmann war früh verheiratet und früh Witwer: Er blieb mit einem Töchterchen zurück, als seine erste Frau gestorben war. So zog er zu seiner Mutter, wo auch noch eine verwitwete Tante lebte. Man hat den Eindruck, dass Hartmann zeitlebens von guten – weiblichen – Geistern umgeben war. Schon nach anderthalbjähriger Witwerschaft lernte er in einem Kurort seine zweite Frau kennen, Alma Lorenz, und zwar als er im Rollstuhl durch einen Park geschoben wurde. Die junge Frau, die gerade ihr Examen für den höheren Schuldienst bestanden hatte, gesellt sich spontan zu ihm. Sie hatten zusammen fünf Kinder, und es muss ein sehr harmonisches Familienleben gewesen sein, mit viel Arbeit, aber auch mit viel gemeinsamem Musizieren.

Hartmann unterrichtete seine Kinder selbst an verschiedenen Instrumenten. Seine erste Frau hatte schon zwei Bücher über seine Philosophie geschrieben, und auch seine zweite Gattin war mit Korrekturen und allerlei praktischer Hilfe eine ideale Gefährtin für einen Schriftsteller. Auch sie war publizistisch tätig, sie war aber wohl auch seine

Assistentin und brachte ihm die zahlreich benötigten Bücher aus vielen Wissensgebieten aus der Königlichen Bibliothek.

Hartmann lebte zunächst mit seiner Familie in der Potsdamer Straße gegenüber dem alten Botanischen Garten – übrigens in derselben Straße, in der ein paar hundert Meter stadteinwärts jahrzehntelang Theodor Fontane wohnte. Anscheinend sind sich die beiden nie begegnet: Weder besuchte Hartmann die Theateraufführungen, über die Fontane kritisch berichtete, noch konnte er ihn auf seinen Wanderungen durch die Mark Brandenburg treffen – aus den erwähnten Gründen. Es gab dann nur noch einen Ortswechsel, als dem Philosophen der Lärm der Großstadt zu viel wurde und er sich in Großlichterfelde, also wenige Bahnstationen weit in westlicher Richtung, ein Häuschen im Grünen errichtete. Dort verbrachte er die letzten Jahrzehnte in beschaulicher, aber arbeitsintensiver Zurückgezogenheit. Den Kontakt mit der Welt vermittelten Zeitungen und Fachzeitschriften, und es suchten ihn immer wieder Freunde und Bewunderer auf. Als er Pfingsten 1906 starb, hinterließ er ein großes Werk von bald fünfzig Bänden. Er wurde auf dem Militärfriedhof begraben am Rande des Tempelhofer Feldes, des alten Aufmarschgeländes der preußischen Armee.

Mit seinem ersten großen Werk wurde Hartmann schlagartig bekannt und berühmt, ja, die 1869 erschienene „Philosophie des Unbewussten" kam regelrecht in Mode und wurde auch buchhändlerisch ein Erfolg. Zu seinen Lebzeiten erreichte sie elf Auflagen, später dann noch eine. In der elften Auflage „letzter Hand" war das Werk auf drei Bände angewachsen durch immer neue Zusätze und Auseinandersetzungen mit seinen Kritikern, wobei Hartmann in seiner Polemik durchweg maßvoll und vornehm ist.

Einmal erschien anonym eine Kritik vom Standpunkt des Darwinismus mit starken naturwissenschaftlichen Argumenten. Diese Arbeit wurde von den Gegnern Hartmanns mit Jubel begrüßt: „hier habe der Spekulant vor dem Forum der exakten Wissenschaften das Todesurteil empfangen." (Kap. 8)

Als das Geschrei sich gelegt hatte, bekannte sich Hartmann selbst als Autor der Gegenschrift und stellte ihr seine Apologie gegenüber. Die düpierten akademischen Wichtigtuer haben ihm diesen Streich nie verziehen! Zuvor hatte er, das sei noch nachgetragen, drei Berufungen an Universitäten erhalten, die er jedoch wegen seiner Behinderung ablehnen musste.

Worum ging es nun in diesem ersten Hauptwerk? Hartmann hat es seinen Lesern leicht gemacht, seinen Denkweg nachzuvollziehen und die Hauptgedanken des Werkes zu würdigen, hat er doch der erwähnten Auflage letzter Hand ein umfangreiches Vorwort vorangestellt, das mit über 40 Seiten schon fast eine Monographie über den Autor ist. Darin finden sich Darstellungen über „Mein Verhältnis zu früheren Philosophen" (S. V-XIX) und „Der Begriff des Unbewussten" (S. XXXII-XLVII). Aber selbst das ist alles noch zu umfangreich, als dass es hier referiert werden könnte. Nicht einmal die Kapitelüberschriften will ich aufzählen und noch weniger die Titel seiner übrigen Veröffentlichungen; man könnte aber der Frage nachgehen, warum dieses Werk eines überaus fleißigen Gelehrtenlebens nach einer kurzen anfänglichen Bekanntheit dann so gründlich vergessen wurde. Auch gibt es so gut wie keine Veröffentlichungen dazu: Zwei aufschlussreiche Bücher kurz nach dem Tode des Philosophen, wie das des schon erwähnten Kappstein von 1907 und eine Einführung von Otto Braun in der Reihe Frommans Klassiker der Philosophie, Stuttgart 1909.

Dazu kommt noch das zweibändige Werk von Arthur Drews „Eduard von Hartmanns philosophisches System im Grundriß", das immerhin in zweiter vermehrter Auflage 1906 in Heidelberg erschien, und ein größerer Aufsatz seiner Gattin Alma von Hartmann, „Eduard von Hartmanns konkreter Monismus" in dem von Arthur Drews herausgegebenen Sammelwerk über den Monismus, Bd. II, Jena 1909, S. 175-201. Zu erwähnen ist noch Leopold Ziegler, „Das Weltbild Hartmanns." Leipzig 1910, welches Werk jedoch auf der Arbeit Drews' beruht. Das sind, neben dem großen dreibändigen Werk selbst, alle nötigen Hilfsmittel, um dem Autor näherzukommen.

Gibt es denn sonst kein Echo bei den Zeitgenossen? Doch, durchaus! Friedrich Nietzsche hat im zweiten Stück der Unzeitgemäßen Betrachtungen „Vom Nutzen und Nachteil der Historie für das Leben" von 1873, eine größere polemische Auslassung gegen Hartmann in Druck gegeben, die aber in ihrer dümmlichen und ausfallenden Ausdrucksweise hier gnädig übergangen werden soll. (Nietzsche hat Treffliches über das Ressentiment geschrieben; hier kann man einmal nachlesen, was Nietzsche selbst zu leisten in der Lage ist, wenn ihm ein Ressentiment die Feder in die Hand drückt. Die Gründe für diesen Ausfall sind nur noch psychologisch interessant; zur Sache trägt er nichts bei.)

Kommen wir nun endlich zum Hauptwerk selbst, das Hartmann jedoch später selbstkritisch als nicht sein bestes bezeichnet. Wir können uns auch deshalb darauf beschränken, weil es mit hoher Wahrscheinlichkeit nur dieses Buch war, das die Aufmerksamkeit von C. G. Jung erregt hat. Darum also zunächst einige Bemerkungen über den Begriff des Unbewussten selbst.

Die gesamte neuzeitliche Philosophie war bis auf Hartmann eine Philosophie des Bewusstseins: Descartes hatte im 17. Jahrhundert sein Denken auf das Prinzip des Cogito, ergo sum gegründet: „Das denkende Bewusstsein ist der Beweis für die persönliche Existenz und Zugleich ihr Inhalt" (Kap. 11). Leibniz nahm das gesamte Sein als eine Vielheit von Ichen oder Monaden, und Kant und Fichte sperrten mit ihrem subjektiven Idealismus die ganze Welt als Vorstellung in das Bewusstsein ein (ebd.).

Den Höhepunkt dieser Neuzeitlichen Bewusstseinsphilosophie bildet jedoch das System Hegels, dessen erstes Hauptwerk, „Die Phänomenologie des Geistes" von 1807, den Untertitel trägt: „Wissenschaft der Erfahrung des Bewusstseins" – wobei Wissenschaft hier gleichbedeutend ist mit Philosophie.

Nun tritt Hartmann auf und bemüht sich um eine Synthese dessen, was er als Anregung von Schopenhauer, Schelling und Hegel empfangen hat. Dabei ist seine Beziehung zu Hegel aber wesentlich ein Sich-Absetzen, und zwar in zweifacher Hinsicht. Einmal will er die einseitige Ausrichtung des Denkens auf das Bewusstsein überwinden, und dann die – besonders von Hegel auf die Spitze getriebene – dialektische und insbesondere spekulative Methode. Er stellt darum seiner „Philosophie des Unbewussten" schon auf dem Titelblatt dieses Motto voran: „Speculative Resultate nach inductiv-naturwissenschaftlicher Methode." (Philosophie des Unbewussten. Elfte, erw. Aufl. in drei Theilen. Leipzig 1904. Sämtliche Zitate aus Bd. I dieser Ausgabe.)

Genau gesehen stellt dieses Programm eigentlich einen Widerspruch in sich dar: denn entweder ein Denker geht spekulativ vor, also er entwickelt den Inhalt seines Werkes rein aus dem Geist, oder er geht induktiv von einer Vielzahl von Einzeltatsachen und Beobachtungen aus, deren Ergebnisse er im Kern erfasst, zusammendenkt und verallgemeinernd zu Gesetzmäßigkeiten strebt. Aber man wird Hartmann bei seiner Inkonsequenz zugutehalten müssen, dass erstens mit Hegels Tod das rein spekulative und systemschmiedende Denken an sein Ende gekommen war – man nennt das den „Zusammenbruch des Deutschen Idealismus" –, und dass zweitens im Neunzehnten Jahrhundert die Einzelwissenschaften explosionsartig angewachsen waren und ihre vielfachen Errungenschaften für einen Denkenden nicht mehr zu vernachlässigen waren, wenn er sich nicht den Vorwurf absoluter Weltfremdheit zuziehen wollte.

Hartmann bemüht sich darum, sein Leben lang in seiner Kenntnis der Naturwissenschaft auf dem Laufenden zu bleiben, und er arbeitet deren neue Erkenntnisse jeweils in umfangreichen Erweiterungen und Anhängen in sein Werk ein. Dass er dabei dann doch ganze neue Wissenschaftszweige übergangen hat – wie zum Beispiel die neuere Religionswissenschaft –, wer könnte es ihm im Ernst verübeln, denn das alles aufzuarbeiten geht über die Kraft eines Einzelnen weit hinaus. Die Zusammenschau der vielen Arbeitsergebnisse der verschiedenen Forscher gelingt darum auch nur noch im geschickten Zusammenführen verschiedener Arbeiten in Sammelbänden, die man darum treffend als „Synthesen vom Buchbinder" bezeichnet hat. Diese Lage ist inzwischen noch unübersichtlicher geworden.

Nach diesen langen Vorreden möchte ich nun einen kleinen Einblick in Hartmanns Philosophie des Unbewussten geben, wobei ich mich aber auf wenige Kapitel beschränken muss, um wenigstens einen konkreten Eindruck zu vermitteln, den Autor in längeren Textauszügen selbst sprechen zu lassen.

Dabei geht es zunächst um das Grundsätzliche. Hartmann schreibt (in der hier zugrunde gelegten Ausgabe letzter Hand von 1904) in seinem umfangreichen Vorwort: „Der Begriff des Unbewussten hat, wie jeder noch nicht ins Zeitbewusstsein eingegangene Begriff, etwas Paradoxes (...). Die überwiegende öffentliche Meinung geht (...) noch immer dahin, die Begriffe „psychisch" und „bewusst" für gleichbedeutend zu halten. Der Begriff des Unbewussten muthet aber gerade dem Denken zu, dieses Vorurtheil zu überwinden und den Begriff des Psychischen so zu erweitern, dass er neben dem bewusst Psychischen auch ein unbewusst Psychisches umfasst." (XXXII f.)

„Es kann Dinge, Tatbestände, Vorgänge und reale Beziehungen geben, die sich der Erkenntnis und dem Wissen entziehen. Daraus entspringen Begriffe wie „unwissentlich, ungewusst, unbekannt, unerkannt, unwissbar, unerkennbar." Das alles sind erkenntnistheoretische, nicht psychologische Begriffe; man kann sie allenfalls unter dem Gattungsbegriff „außerbewusst" zusammenfassen, darf diesen aber nicht mit „unbewusst" gleichsetzen. Dazu gehört immer erst der Nachweis, erstens, dass es sich um Psychisches handelt, und zweitens, dass dieses Psychische integrierender Bestandteil desjenigen Individuums ist, ausser dessen Bewusstsein es liegt." (XXXIII)

Nun nimmt er eine weitere Abgrenzung vor: Das „minder Bewusste" (...) scheidet aus dem Begriff des Unbewussten aus: erstens der unklare und undeutliche Bewusstseinsinhalt, das Unbestimmte, Trübe, Dämmerige, Nebelhafte, Verschwommene, Schwache, Matte; zweitens das Unbeachtete, nicht im Blickpunkt der Aufmerksamkeit Stehende; drittens das nur unmittelbar, aber reflektiert Bewusste, bei dem man nicht darauf achtet, dass man sich seiner bewusst ist; viertens das nicht auf das Ich und seine Zwecke Bezogene." (XXXIV)

Es folgt eine wichtige These: „Gäbe es Grade des Bewusstseins, so würden auch die allerniedrigsten noch zum Bewusstsein gehören und nicht zum Unbewussten. Tatsächlich gibt es aber keine Grade des Bewusstseins (...). Der Unterschied des Unbewussten und des Bewussten ist keineswegs ein bloss gradueller. Das Unbewusste ist auch nicht als ein Untergeschoss oder Keller des Bewusstseins zu verstehen, in welchem der Bewusstseinsinhalt unter Abstreifung der Bewusstseinsform versinkt, um gelegentlich wieder hervorzutreten."

Hier dürften Sie aufgrund Ihrer analytischen Erfahrung Bedenken anmelden. – Darum könnte auch die nächste Behauptung Kritik hervorrufen: „Von einem entschwundenen Bewusstseinsinhalt bleibt kein psychischer Rückstand übrig, keine rein geistige Spur, die für künftiges Wiederbewusstwerden als psychische Anlage oder Disposition dienen könnte. Alle Spuren und Dispositionen sind körperlich, leiblich, materiell, aber nicht psychisch. Die Hypothese rein psychischer Dispositionen (...) stammt aus einer Zeit, wo die deutschen Psychologen die Bedeutung der molecularen Gehirn- und Ganglien-Dispositionen noch gar nicht kannten." (XXXIV)

So kommt er zu der generellen Festlegung: „Psychische Phänomene sind immer bewusst, eben weil sie psychische Phänomene oder Erscheinungen sind; darin, dass sie einer Psyche erscheinen, darin besteht eben ihr Bewusstwerden" (ebd.). Gehe ich fehl in der Annahme, dass sich etwa Medard Boss in seinem „Grundriss der Medizin und der Psychologie", 2. erg. Aufl., Bern Stuttgart Wien 1975, eben dieser Position annähert?

Aber hören wir den Autor weiter: „Das psychische Urphänomen ist das Gefühl; aus Gefühlen wird durch Kategorialfunctionen die Anschauung, aus Anschauungen durch wieder andere Kategorialfunctionen die sinnliche Vorstellung gebildet, aus dieser der Begriff abstrahiert." (XXXV)

„Relativ unbewusste psychische Phänomene sind psychische Phänomene nur als relativ bewusste, nicht als relativ unbewusste. Das Paradoxe an ihnen liegt darin, dass sie Phänomene in der Individualseele und nicht im obersten Centralbewusstsein des Individuums sind, welches

man gewöhnlich für das einzige Bewusstsein in ihm, für das Indivi-
dualbewusstsein schlechthin hält – es liegt also letzten Endes in dem
Stufenbau der Individualitäten in jedem zusammengesetzten Individuum, das auch einen Stufenbau der Bewusstseine in ihm einschließt."
(XXXV)

Es ist doch bemerkenswert, wie sich Hartmann hier in vorsichtig
tastender Weise und noch nicht terminologisch erstarrt einer Konzeption von mehreren psychischen Instanzen annähert.

Auch die Fortsetzung dieses Textes ist bemerkenswert: „Wären das
Wollen und Denken psychische Phänomene, so gäbe es weder unbewusstes Wollen noch unbewusstes Denken. Wer das Wollen in einem
bestimmten Complex von Vorstellungen, Empfindungen und Gefühlen
bestehend glaubt, hat ganz Recht, unbewusstes Wollen zu leugnen, weil
das, was er mit dem Namen „Wollen" belegt, lediglich ein psychisches
Phänomen und als solches nothwendig bewusst ist. Wer das Denken in
der Reihenfolge der bewussten Vorstellungen erschöpft glaubt, die sich
während des Denkens im Bewusstsein abspielt, der hat ebenso Recht,
das unbewusste Denken für widersinnig zu erklären (...).

Wenn es überhaupt etwas gibt, das den Namen Wollen verdient,
so ist dieses etwas absolut Unbewusstes. Wie über die Möglichkeit
unbewussten Denkens erst dann zu verhandeln ist, wenn man aner-
kennt, dass die aufeinanderfolgenden bewussten Vorstellungen nur die
Fusstapfen sind, welche das außerbewusste Fortschreiten der Thätigkeiten hinterlässt, oder die Reflexe, die es etappenweise ins Bewusstsein
hineinwirft." (XXXVI)

Vielleicht darf daran erinnert werden, dass bei C. G. Jung der
menschliche Wille keine eigenständige Anlage des Menschen ist. Das
scheint mit der Position Hartmanns zumindest vereinbar zu sein.

Auch das Unbewusste ist ein komplexes Phänomen und wird vom
Autor in seine Komponenten zerlegt: „Das Unbewusste zerfällt in das
relativ Unbewusste und das absolut Unbewusste. Relativ unbewusst
sind psychische Phänomene in der Seele des Individuums, die doch
nicht in sein oberstes Centralbewusstsein fallen, sondern sich in unter-

geordneten Bewusstseinen in ihm abspielen; absolut unbewusst sind psychische Thätigkeiten, die als Thätigkeiten in kein Bewusstsein fallen und von keinem zu belauschen sind, wenngleich ihre Producte, sofern sie psychische Phänomene sind, in ein Bewusstsein fallen müssen. (…)

Die psychischen Phänomene sind rein passiv und entbehren jeder Activität; die psychische Thätigkeit ist rein activ, und wo sie durch eine andere Thätigkeit zur Passivität reprimirt oder umgebogen wird, da entstehen eben aus der Collision der Thätigkeiten psychische Phänomene. Alle Passivität ist irgendwie und irgendwo bewusst, alle Activität ist als solche unbewusst. Alles Bewusstsein ist rein passiv, bloss receptiv, und actionsunfähig, alles Unbewusste ist activ und productiv. Dass auch das Bewusstsein activ sein könne, ist ein Irrthum…" (XXXVI).

Über das Zustandekommen der psychischen Phänomene macht Hartmann die folgende, am naturwissenschaftlichen Befund angelehnte Bemerkung: „Die relativ unbewussten psychischen Phänomene meiner Hirnzellen, die unter der Schwelle meines obersten Centralbewusstseins bleiben, sind also eine Vorbedingung für das Zustandekommen meiner bewusst psychischen Phänomene." (XXXVII) Und so durchgängig: Alles Bewusste ist in einem Unbewussten fundiert, das damit an die erste Stelle in dem Versuch rückt, die Phänomene verständlich zu machen! Das gilt auch für die Welt als Ganze.

„Das physiologische Unbewusste und die absolut unbewusste psychische Thätigkeit sind die beiden gleich unentbehrlichen Factoren, deren Producte die psychischen Phänomene, sowohl die relativ unbewussten, als auch die relativ bewussten, sind." (XXXVIII)

„Das absolut Unbewusste oder die psychische Thätigkeit im weitesten Sinne gliedert sich in individuelle Thätigkeiten, und diese treten miteinander in Widerstreit oder Wechselwirkung. Hieraus entspringen die zwei Erscheinungssphären der Erscheinungswelt, einerseits die objectiv reale, daseiende Natur, andererseits das subjectiv ideale, in sich seiende, bewusste Geistesleben." (XXXIX) Daraus folgt dann: „Das absolut Unbewusste ist also nicht etwas Bewusstseinsunfähiges, sondern etwas, das überall, wo seine Theilthätigkeiten auf einander treffen, ebenso notwendig Bewusstsein wie Natur erzeugt" (ebd.).

Schließlich erhält dieses ganze scharfsinnig erbaute Lehrgebäude noch einen krönenden Abschluss:

„Die substantielle Einheit der Welt (der ontologische Monismus) ist nur möglich, wenn die eine Weltsubstanz immateriell und unbewusst ist. Wäre die Materie die Substanz der Welt, so läge das höhere Recht des Pluralismus klar zu Tage, und die Einheit wäre nur die begriffliche eines Collectivums. Wäre das Bewusstsein, Selbstbewusstsein, Fürsichsein, die Ichheit das Substantielle, so wäre ebenfalls der Pluralismus evident, da es viele Ichs gibt; es bleibt also nur noch übrig, die vielen Ichs durch einen Machtspruch für falschen Schein und das eine absolute Ich für das allein wahre Ich und damit für die einzige Substanz zu erklären." (XLV f.) Zu diesem Machtspruch ist der Generalssohn Hartmann bereit.

Die sehr differenzierte Begründung dafür, dass dieser Machtspruch eben doch nicht die reine Willkür ist – und damit schlechte Spekulation oder entfesselter Idealismus, gibt der Autor in diesen Sätzen: „Das absolut Unbewusste produciert einerseits das physiologische Unbewusste, das nur ein Theil der Natur ist, andererseits das relativ Unbewusste, das nur einen Theil der psychischen Phänomene oder der Bewusstseinserscheinungen umfasst. Das absolut Unbewusste ist demnach der Grund, die Quelle und die übergreifende Einheit der drei Gebiete des Unbewussten überhaupt.

Als Ursprung der materiellen Natur und des bewussten Geisteslebens ist ferner das absolut Unbewusste das gemeinsame Dritte hinter beiden, wie es von aller Identitätsphilosophie gefordert und gesucht wird. Das identische Dritte über und hinter Materie und Bewusstsein darf mit keinem der Gegensätze zusammenfallen, die aus ihm erklärt werden sollen; es darf also weder materiell noch bewusst sein. Dass das identische Dritte nicht materiell sein darf, hat man schon längst eingesehen, dass es aber, um seiner Aufgabe zu genügen, auch nicht bewusst sein darf, ist ebenso klar und will doch noch gar nicht in das

Zeitbewusstsein eingehen. Eine Identitätsphilosophie ist ebensogut nur als Philosophie des Unbewussten möglich, wie sie nur als Immaterialismus möglich ist." (XLV)

Nachdem dieser Schlussstein des Systems beschrieben und gesichert ist, sollen nun nur noch wenige Folgerungen angedeutet und in kurzen Textauszügen vorgestellt werden.

Unter der Überschrift „Das Unbewusste im menschlichen Geiste" findet sich ein Kapitel über „Das Unbewusste in der geschlechtlichen Liebe." Hier wird der Philosoph, was man ihm vielleicht gar nicht zugetraut hätte, auf einmal sehr beredt, und seine Ausführungen offenbaren sehr konkrete Einblicke in das seelische Leben der Menschen. Daraus nur seine Einsichten über die Partnerwahl (aus männlicher Sicht, wie sich versteht).

Hartmann bemüht sich, Freundschaft und Liebe klar voneinander abzugrenzen, und er schreibt u. a.: „Das Wesentliche von der Sache ist, dass die bewusste Kenntnis, dass die bewusste Erkenntnis geistiger Eigenschaften immer und ewig nur bewusste geistige Beziehungen, Achtung und Freundschaft zu Stande bringen können, und dass Freundschaft und Liebe himmelweit verschiedene Dinge sind. Die Freundschaft kann auch keine Liebe erwecken, denn wenn z. B. bei einer Freundschaft zwischen zwei jungen Leuten verschiedenen Geschlechts sich leicht ein wenig Liebe einschleicht, so ist dies nur ein Freiwerden des generellen Geschlechtstriebes in einer durch Vertraulichkeiten erleichterten Richtung, oder aber sie hätten sich auch ohne die Freundschaft in einander verliebt, und diese schlummernde potentielle Liebe ist nur durch die Gelegenheit wach gerufen worden." (I, 197)

Wie steht es aber dann in der Ehe? Auch hierzu macht der Autor treffende Bemerkungen: „Dass die Freundschaft für das individuelle Wohl der Ehegatten eine viel unentbehrlichere und solidere Grundlage eines dauernden guten Verhältnisses ist als die Liebe, ist gar keine Frage ..." (I, 197).

Wie steht es nun aber um die Liebe selbst? Mit Anspielung auf die klassischen Texte des Altertums und der neuzeitlichen Dramatik spricht

Hartmann hier von einem Dämon, und er ist durchaus bereit, ihn auch noch konkreter zu benennen, selbst wenn das in seiner Zeit noch nicht allgemein üblich war. Er schreibt: „Was ist denn nun aber jener Dämon, der sich so spreizt und in's Unendliche hinaus will, und die ganze Welt an seinem Narrenseile tanzen lässt, was ist er denn endlich? Sein Ziel ist die Geschlechtsbefriedigung, nicht etwa die Geschlechtsbefriedigung überhaupt, sondern nur die mit einem bestimmten Individuum, – so viel er sich auch drehen und wenden mag, und so viel er sich mit hohlen Phrasen breit macht. Denn wenn es nicht dies wäre, was sollte es denn sein? Etwa die Gegenliebe? Nicht doch! Mit der heißesten Gegenliebe ist im Ernste niemand zufrieden, selbst bei der Möglichkeit steten Verkehres, wenn die Unmöglichkeit des Besitzes unabänderlich ist, und schon Mancher hat sich in dieser Lage erschossen." (I,199)

Das Ziel des Dämons ist also wirklich und wahrhaft nichts als die Geschlechtsbefriedigung, an und mit diesem bestimmten Individuum, und alles, was drum und dran hängt, wie Seelenharmonie, Anbetung, Bewunderung ist nur Maske und Blendwerk, oder es ist etwas anderes als Liebe neben der Liebe" (I, 200). Das mag genügen als ein Beispiel für Hartmanns Freudianismus avant la lettre.

Abschließend soll nur noch ein kurzer Blick geworfen werden in das Kapitel über „Das Unbewusste in der Entstehung der Sprache" (I, 254). Hier zeigt sich der Autor als durchaus auf der Höhe der sprachwissenschaftlichen Erkenntnisse seiner Zeit. Das kann hier nicht alles referiert werden. – Hartmann zitiert Schelling: „Der Geist, der die Sprache schuf, – und das ist nicht der Geist der einzelnen Glieder des Volkes, – hat sie als Ganzes gedacht: wie die schaffende Natur, indem sie den Schädel bildet, schon den Nerven im Auge hat, der seinen Weg durch ihn nehmen soll."

Daraus zieht Hartmann diese Konsequenz: „Nur für die Arbeit eines Einzelnen ist der Grundbau (der Sprache, K. B.) viel zu complicirt und reichhaltig, die Sprache ist ein Werk der Masse, des Volkes. Für die bewusste Arbeit Mehrerer aber ist sie ein zu einheitlicher Organismus. Nur der Masseninstinct kann sie geschaffen haben, wie er im

Leben des Bienenstockes, des Termiten- und Ameisenhaufens waltet."
(I, 258)

Ich breche hier ab; ist es zu viel behauptet, wenn ich meine, dass
Hartmann hier ganz in die Nähe eines „Kollektiven Unbewussten"
gekommen ist, und dass Jung diese und verwandte Ausführungen
durchaus mit Gewinn für sein Lebenswerk „eifrigst studiert" haben
könnte?

Montaigne – Heidegger
Nachdenken über den Tod

I, 1 Montaigne, Abriss der Biographie

Michel Eyquem, besser bekannt als Seigneur de Montaigne, wurde am 28. Februar 1533 auf der Burg Montaigne im Périgord geboren. Sein Vater Pierre Eyquem hat sich ganz eigene Gedanken über die Bildung seines Sohnes gemacht und von früh auf und immer wieder leitend in sein Leben eingegriffen. Zunächst einmal hat er ihn von seiner Mutter Antoinette de Louppes isoliert und ihn von Landleuten aufziehen lassen. Auf die Frage, wie denn die alten Römer die Sprache gelernt hätten, die immer noch die Grundlage einer jeden höheren Bildung darstellte, kam er zu dem Schluss: jedenfalls nicht durch prügelnde Schulmeister.

Die Römer haben das Lateinische einfach als ihre Muttersprache und durch ihre ganze Umgebung gelernt. Das wollte er seinem Sohn auch ermöglichen. Er stellte einen Deutschen namens Horstanus an, der kein Wort französisch sprach, aber ein reines ciceronianisches Latein beherrschte. Er und zwei Helfer hatten nun die Aufgabe, mit dem jungen Michel ausschließlich auf Latein zu konversieren, wobei niemals auch nur ein französisches Wort unterlief. Auch Vater und Mutter sowie die Dienstboten, die mit dem Knaben zu tun hatten, mussten ein paar lateinische Sätze lernen. So wuchs der junge Montaigne ganz natürlich in der lateinischen Sprache auf und kannte jahrelang kein anderes Idiom.

Damit hat der Vater auf geniale Weise die später „Total Immersion" genannte Methode der Sprachdidaktik vorweggenommen, die dann von der Berlitz-School perfektioniert wurde. Nur mit der griechischen Sprache funktionierte das nicht, sodass Montaigne 1539 auf das Collège de Guyenne in Bordeaux geschickt wurde, wo er eine humanistische Erziehung genoss. Leider beschreibt Montaigne an keiner Stelle, wie er den Zusammenprall mit seinen Schulkameraden erlebt hat. Er musste ihnen wohl als gelehrtes Monstrum vorkommen. Man stelle sich vor, ein Sechsjähriger, der reinstes klassisches Latein sprach, aber nicht ein französisches Wort.

1546 bis 1554 studierte Montaigne die Rechte in Bordeaux und Toulouse. 1554 wird der Vater Bürgermeister von Bordeaux und kauft seinem Sohn das Amt eines Ratsherrn am Steuergerichtshof von Périgueux. Das war für ihn die erste von mehreren gehobenen Staatsstellungen, die aber sämtlich ohne Bezahlung als reines Ehrenamt ausgeübt wurden. 1565 heiratet Montaigne Françoise de la Chassagne. Von seinen sechs Töchtern erreichte allein Léonor das Erwachsenenalter und erfreute ihn mit einem Enkel. 1568 stirbt der Vater. Sein Sohn Michel wird Eigentümer von Schloss Montaigne und nennt sich Seigneur de Montaigne. 1571 zieht sich Montaigne auf sein Schloss zurück und beginnt mit der Niederschrift seiner Essays.

Mit 45 Jahren beginnt sein Leiden an Nieren- und Blasensteinen, von denen er bei zahlreichen Bäderaufenthalten Heilung sucht. Wenn er nicht in seinem Reisetagebuch genau festgehalten hätte, wie ihn die Schmerzen beim Abgang der Steine geplagt haben, wüsste man nicht, dass er für den Rest seines Lebens ein schwer leidender Mann war, denn in seinen Essays übergeht er diese Leiden mit stoischer Fassung.

1571 reist er mit drei Begleitern, darunter sein jüngerer Bruder, über Deutschland nach Italien, um in den Bädern von Lucca Heilung zu finden. Außerdem pilgert er, wohl auf Wunsch seiner Frau, zum Marienheiligtum von Loreto und hat am 29. Dezember 1580 eine Audienz bei Papst Gregor XIII. Noch in Italien erreicht ihn ein Brief der Bürger von Bordeaux, die ihn zum Bürgermeister gewählt hatten. Er tritt sofort die Heimreise an und übernimmt das Amt. Später wurde er auf zwei weitere Jahre wiedergewählt, was sehr selten vorkam.

In den folgenden Jahren gibt Montaigne seine Essays in Druck und verbessert ständig an seinen Texten. 1592 am 13. September stirbt Montaigne auf seinem Schloss. 1676 werden die Essays auf den „Index librorum prohibitorum" gesetzt. 1774 wird das „Tagebuch einer Reise nach Italien über die Schweiz und Deutschland von 1580 bis 1581" veröffentlicht.

I,2 Einstieg in die Bibliographie

Gute Dienste leisten wie immer die Rowohlt-Monographien, immer noch hilfreich ist die erste Fassung von Francis Jeanson aus dem Jahre 1958, sowie die Neubearbeitung von Uwe Schultz, die 1989 erschienen ist. Den französischen Text der Essays bietet in zwei Bänden die Ausgabe von Maurice Rat, Paris 1962.

Schon im 18. Jahrhundert erschienen zwei deutsche Übersetzungen, darunter die von J. J. Bode in sieben Bänden 1797. Diese Übersetzung erschien dann in vorsichtiger Modernisierung, herausgegeben von Otto Flake und Wilhelm Weigand, 8 Bände, München-Leipzig 1908 bis 1915. Diese Ausgabe enthält auch das Reisetagebuch Montaignes, sowie die Biographie von Wilhelm Weigand, die auch noch einzeln erschienen ist bei Georg Müller, München-Leipzig 1910.

Besonders hinweisen möchte ich Sie auf ein neueres Buch: Mathias Greffrath (Hrsg.), „Vom Schaukeln der Dinge. Montaignes Versuche", Wagenbachs Taschenbücherei 110, Berlin 1984. Dieses Buch enthält neben vielen Originaltexten und Literaturhinweisen auch eine Zeittafel und kann als die brauchbarste neuere Einführung in das Denken von Montaigne gelten. Daraus zum Schluss ein Zitat: „Die vornehmste Pflicht, die jeder von uns hat, ist, sein eigenes Leben zu führen; deswegen sind wir hier." (S. 180)

II. Das 19. Kapitel des 1. Buches der Essays von Michel de Montaigne trägt die Überschrift: „Philosophieren heißt sterben lernen.." Gleich zu Anfang bezieht er sich auf eine Formulierung Ciceros, Philosophieren sei nichts anderes als sich auf den Tod vorzubereiten. (Bd. 1, S. 97, Tusculanae disputationes I, 31). Aus den näheren Erläuterungen zu diesem Kapitel lassen sich diese zentralen Lehren herauslösen:

1. „Es ist ungewiss, wo uns der Tod erwartet; Erwarten wir ihn aber allenthalben! Sinnen auf den Tod, ist Sinnen auf Freiheit. Wer sterben gelernt hat, versteht das Dienen nicht mehr. Für den hat das Leben

kein Übel mehr, der die Wahrheit einsieht; das Leben aufgeben ist kein Übel. Zu sterben wissen, das befreit uns von aller Lehnspflicht und von jedem Zwange." (S. 108f.)

2. „Ich bin von Haus aus nicht melancholisch, sondern nur Grübler; mit nichts hab ich mich in meinem Leben mehr abgegeben als mit dem Nachdenken über den Tod, selbst in meinem ausgelassensten, flüchtigsten Alter, (...) beim schönen Geschlecht und beim Spiel." (S. 109)

3. „denn kein Mensch rechnet weniger auf seine Dauer als ich. Ebenso wenig lässt mich die Gesundheit, deren ich bis jetzt eine sehr feste und wenig unterbrochene genossen habe, auf ein langes Leben hoffen, als mich meine Krankheiten ein kurzes fürchten lassen. Jede Minute deucht mich, meine Stunde schlage. Und ich sage und singe mir beständig vor: Alles, was eines Tages geschehen kann, kann noch heute geschehen." (S. 110)

4. „Jemand, der vor einigen Tagen in meiner Schreibtafel blätterte, fand eine Note über eine Sache, die ich nach meinem Tode bestellt haben wollte. Ich sagte ihm, wie es denn auch wahr war: weil ich nur eine halbe Meile von meinem Hause entfernt sei und mich immer munter und wohl befände, habe ich geeilt, da auf der Stelle meinen Willen niederzuschreiben, da ich nicht sicher wisse, ob ich wieder nach Hause kommen werde. Wie jemand, der seine Gedanken unaufhörlich mit sich herumträgt und beständig darüber brütet, bin ich jede Stunde darauf vorbereitet, wie es mit mir werden kann, und der Besuch des Todes soll mich an nichts Neues erinnern." (S. 110f.)

5. „Ich bin, Gott sei Dank, für jetzt in solchen Umständen, dass ich meine sterbliche Hülle verlassen kann, wann es ihm gefällt, ohne irgendetwas zu bedauern. Ich mache mich los von allen Banden; mit meinem Abschiede von allem ist es bald getan, ausgenommen von mir selbst. Kein Mensch hat sich mehr darauf bereitet, die Welt reiner und williger zu verlassen und hat sich völliger derselben entschlagen als ich nach meiner Erwartung tun werde." (S. 111f.)

6. „Ebenso habe ich mir zur Gewohnheit gemacht, nicht nur den Tod beständig in Gedanken, sondern auch auf der Zunge zu haben,

und nach keiner Sache erkundige ich mich so gern, als danach, wie ein Mensch gestorben ist: nach seinen letzten Worten, Minen und Gebärden, die er dabei gemacht hat." (S. 114)

7. „die Natur selbst reicht uns die Hand und gibt uns Mut. Ist's ein schneller und gewaltsamer Tod, so haben wir keine Zeit, ihn zu fürchten; ist er anders, so merke ich, dass, so wie ich nach und nach mit der Krankheit ringe, ich natürlicherweise gleichgültiger gegen das Leben werde. Ich finde, dass ich mehr Mühe habe, den Entschluss zu sterben, in Saft und Blut zu verdauen, wenn ich gesund bin, als dann, wenn mich das Fieber schüttelt. Umso weniger ich an den Gütern des Lebens klebe, weil ich den Gebrauch davon zu verlieren anfange und sie mir kein Vergnügen mehr gewähren, umso weniger schreckhaft wird mir der Anblick des Todes." (S. 114f.)

8 „Euer Tod ist ein Stück aus der Ordnung des Weltalls, es ist ein Stück aus dem Leben der Welt, (...) Soll ich etwa Euch zu Gefallen den herrlichen Gang der Dinge stören? Der Tod ist Bedingung Eurer Schöpfung; ist ein Teil Eures eigenen Wesens; ihr flieht vor Euch selbst. Das Dasein, das ihr genießt, ist ein gemeinschaftliches Eigentum des Todes und des Lebens; der Augenblick eurer Geburt ist der Anfang eures Weges, der sowohl zum Sterben leitet als zum Leben." (S. 119)

9. „Das Leben ist an sich weder ein Gut noch ein Übel, es ist der Raum des Guten und des Übels, je nachdem was ihr hineinlegt. Und wenn ihr einen Tag gelebt habt, so habt ihr alles gesehen; ein Tag ist gleich allen übrigen Tagen. Es gibt keine andere Tageshelle, kein anderes Nachtdunkel. Diese Sonne, dieser Mond, diese Gestirne, diese Einrichtung ist alles gerade noch so wie es eure Großeltern genossen und eure Enkel befinden werden." (S. 120f.)

10. „Der Tod ist weniger zu fürchten als nichts, wenn es etwas gäbe, das weniger wäre denn nichts (...) Ihr habt euch weder tot noch lebend um ihn zu bekümmern. Lebend, weil ihr seid; tot, weil ihr nicht mehr seid. Noch mehr! Niemand stirbt, bevor nicht seine Stunde gekommen ist. Was ihr an Zeit hinter euch lasst war ebenso wenig euer, als die Zeit, welche vor eurer Geburt verfloß, und geht euch ebenso wenig

an! (...). Oder, wenn euer Leben endigt, so ist es ganz vollendet. Die Nützlichkeit des Lebens liegt nicht in seiner Länge, sondern in seiner Anwendung." (S. 123)

11. „Warum fürchtest du den letzten Tag deines Lebens? Es liegt kein Gränchen (Gran diente als Apothekergewicht = 60,9-72,9 mg und Grän als Edelmetallgewicht = 821 mg) mehr in der Waagschale des Todes als in jeder der übrigen. Der letzte Schritt verursacht nicht die Müdigkeit, er macht sie bloß kund. Alle Tage gehen zum Tode, der letzte langt bei ihm an. Seht Menschen, so lauten die Lehren und Weisungen unserer Mutter Natur!" (S. 125)

Der Herausgeber merkt hier an, dass Montaigne diese Einsichten aus dem Gedicht des Lukrez (III 955f.) entnommen hat. Die Schlussworte leiten sich von Seneca, Epistulae 120, her. Und desselben Philosophen „De brevitate vitae" hat auch verschiedene Gedanken geliefert. (S. 125)

III. Wie im Falle von Montaigne möchte ich auch Heideggers Nachdenken über den Tod in längeren Textauszügen vorstellen. Sie stammen sämtlich aus seinem frühen Hauptwerk „Sein und Zeit", das 1927 zum ersten Mal erschienen ist. Obwohl seitdem Jahrzehnte vergangen sind, klingt die Sprache darin immer noch ungewohnt und schwierig. Sie werden bald feststellen, dass die Schwierigkeit nicht in unbekannten Ausdrücken besteht, sondern in der Denkweise. Diese ist durchweg phänomenologisch und geht ihrerseits auf das Werk „Logische Untersuchungen" von Edmund Husserl zurück, das im Jahre 1900 erschienen ist. Leider muss man sagen, dass das Neue und Befremdliche dieses Denkansatzes auch in den mehr als hundert Jahren nicht vertrauter geworden ist, die seitdem vergangen sind. Zitiert wird nach den Seitenzahlen von Band 2 der Gesamtausgabe, Frankfurt am Main 1977, sowie zusätzlich nach den Einzelausgaben.

Hier nun die Texte:

1. „Die Öffentlichkeit des alltäglichen Miteinander „kennt" den Tod als ständig vorkommendes Begebnis, als „Todesfall." Dieser oder jener Nächste oder Fernerstehende „stirbt", Unbekannte „sterben"

täglich und stündlich. „Der Tod" begegnet als bekanntes innerweltlich vorkommendes Ereignis. Als solches bleibt er in der für das alltäglich Begegnende charakteristischen Unauffälligkeit. Das Man hat für dieses Ereignis auch schon eine Auslegung gesichert. Die ausgesprochene oder auch meist verhaltene „flüchtige" Rede darüber will sagen: man stirbt am Ende auch einmal, aber zunächst bleibt man selbst unbetroffen." (S. 336 bzw. 253)

Die Analyse des „man stirbt" enthüllt unzweideutig die Seinsart des alltäglichen Seins zum Tode. Dieser wird in solcher Rede verstanden als ein unbestimmtes Etwas, das allererst irgendwo eintreffen muss, zunächst aber für einen selbst noch nicht vorhanden und daher unbedrohlich ist.

Das „man stirbt" verbreitet die Meinung, der Tod treffe gleichsam das Man. Die öffentliche Daseinsauslegung sagt: „man stirbt", weil damit jeder andere und man selbst sich einreden kann: je nicht gerade ich; denn dieses Man ist das Niemand. Das „Sterben" wird auf ein Vorkommnis nivelliert, das zwar das Dasein trifft, aber niemandem eigens zugehört. Wenn je dem Gerede die Zweideutigkeit eignet, dann dieser Rede vom Tode. Das Sterben, das wesenhaft unvertretbar das meine ist, wird in ein öffentlich vorkommendes Ereignis verkehrt, das dem Man begegnet. Die charakteristische Rede spricht vom Tode als ständig vorkommendem „Fall". Sie gibt ihn aus als immer schon „Wirkliches" und verhüllt den Wirklichkeitscharakter und in eins damit die zugehörigen Momente der Unbezüglichkeit und Unwiederholbarkeit. Mit solcher Zweideutigkeit setzt sich das Dasein in den Stand, sich hinsichtlich eines ausgezeichneten, dem eigensten Selbst zugehörigen Seinkönnens im Man zu verlieren. Das Man gibt Recht und steigert die „Versuchung", das eigenste Sein zum Tode zu verdecken.

Das verdeckende Ausweichen vor dem Tode beherrscht die Alltäglichkeit so hartnäckig, dass im Miteinandersein die „Nächsten" gerade dem „Sterbenden" oft noch einreden, er werde dem Tod entgehen und demnächst wieder in die beruhigte Alltäglichkeit seiner besorgten Welt zurückkehren. Solche „Fürsorge" meint sogar, den „Sterbenden" dadurch zu „trösten." Sie will ihn ins Dasein zurückbringen, indem sie ihm dazu verhilft, seine eigenste, unbezügliche Seinsmöglichkeit noch vollends zu verhüllen. Das Man besorgt dergestalt eine „ständige Beruhigung über den Tod." Sie gilt aber nicht nur dem „Sterbenden", sondern ebensosehr den „Tröstenden." Und selbst im Falle des Ablebens noch soll die Öffentlichkeit durch das Ereignis nicht in ihrer besorgten Sorglosigkeit gestört und beunruhigt werden. Sieht man doch im Sterben der Anderen nicht selten eine gesellschaftliche Unannehmlichkeit, wenn nicht gar Taktlosigkeit, davor die Öffentlichkeit bewahrt werden soll." Heidegger verweist hier in einer Anmerkung auf die Erzählung „Der Tod des Iwan Iljitsch" von L. N. Tolstoi. (S. 336f. bzw. 253f.)

2. „Schon das „Denken an den Tod" gilt öffentlich als feige Furcht, Unsicherheit des Daseins und finstere Weltflucht. „Das Man lässt den Mut zur Angst vor dem Tode nicht aufkommen." Die Herrschaft der öffentlichen Ausgelegtheit des Man hat auch schon über die Befindlichkeit entschieden, aus der sich die Stellung zum Tode bestimmen soll. In der Angst vor dem Tode wird das Dasein vor es selbst gebracht als überantwortet der unüberholbaren Möglichkeit. Das Man besorgt die Umkehrung dieser Angst in eine Furcht vor einem ankommenden Ereignis. Die als Furcht zweideutig gemachte Angst wird überdies als Schwäche ausgegeben, die ein selbstsicheres Dasein nicht kennen darf. Was sich gemäß dem lautlosen Dekret des Man „gehört", ist die gleichgültige Ruhe gegenüber der „Tatsache", dass man stirbt. Die Ausbildung einer solchen „überlegenen" Gleichgültigkeit „entfremdet" das Dasein seinem eigensten, unbezüglichen Seinkönnen." (S. 338 bzw. 254)

3. „Versuchung, Beruhigung und Entfremdung kennzeichnen aber die Seinsart des „Verfallens." Das alltägliche Sein zum Tode ist als verfallendes eine „ständige Flucht vor ihm." Das Sein zum Ende hat den Modus des Umdeutenden, uneigentlich Verstehenden und verhüllenden „Ausweichens vor ihm." (...) Dem Dasein geht es auch in der „durchschnittlichen Alltäglichkeit ständig um dieses eigenste, unbezügliche und unwiederholbare Seinkönnen, wenn auch nur im Modus

des Besorgens einer unbehelligten Gleichgültigkeit gegen die äußerste Möglichkeit seiner Existenz." (S. 338 bzw. 254)

4. „Das eigentliche Sein zum Tode bedeutet eine existenzielle Möglichkeit des Daseins. Dieses ontische Seinkönnen muss seinerseits ontologisch möglich sein. Welches sind die existenzialen Bedingungen ihrer Möglichkeit? Wie soll sie selbst zugänglich werden?" (S. 345 bzw. 260)

5. Das Sein zum Tode ist Vorlaufen in ein Seinkönnen „des Seienden", dessen Seinsart das Vorlaufen selbst ist. Im vorlaufenden Enthüllen dieses Seinkönnens erschließt sich das Dasein ihm selbst hinsichtlich seiner äußersten Möglichkeit. Auf eigenstes Seinkönnen sich entwerfen aber besagt: sich selbst verstehen können im Sein des so enthüllten Seienden: existieren. Das Vorlaufen erweist sich als Möglichkeit des Verstehens des „eigensten" äußersten Seinkönnens, das heißt als Möglichkeit eigentlicher Existenz. (...) Der Tod ist „eigenste" Möglichkeit des Daseins. Das Sein zu ihr erschließt dem Dasein sein „eigenstes" Seinkönnen, darin es um das Sein des Daseins schlechthin geht." (S. 349 bzw. 263)

6 „Das Vorlaufen lässt das Dasein verstehen, dass es das Seinkönnen, darin es schlechthin um sein eigenstes Sein geht, einzig von ihm selbst her zu übernehmen hat. Der Tod „gehört" nicht indifferent nur dem eigenen Dasein zu, sondern er „beansprucht dieses als einzelnes." Die im Vorlaufen verstandene Unbezüglichkeit des Todes vereinzelt das Dasein auf es selbst." (S. 349 bzw. 263)

7. „Die eigenste unbezügliche Möglichkeit ist „unüberholbar." Das Sein zu ihr lässt das Dasein verstehen, dass ihm als äußerste Möglichkeit bevorsteht, sich selbst aufzugeben. Das Vorlaufen aber weicht der Unüberholbarkeit nicht aus wie das uneigentliche Sein zum Tode, sondern gibt sich „frei" für sie." (S. 350 bzw. 264)

8. „Weil das Vorlaufen in die unüberholbare Möglichkeit alle ihr vorgelagerten Möglichkeiten mit erschließt, liegt in ihm die Möglichkeit eines existenziellen Vorwegnehmens des „ganzen Daseins", das heißt die Möglichkeit, als „ganzes Seinkönnen" zu existieren." (S. 351 bzw. 264)

Am Ende steht ein überraschendes Ergebnis: Das Vorlaufen in den Tod, das eine so herausragende Stelle in Martin Heideggers „Sein und Zeit" einnimmt, wird bereits in den Essays von Michel de Montaigne eingeübt, ohne dass Heidegger davon eine Kenntnis gehabt hätte (vgl. Patrick Unruh, Register zur Martin Heidegger Gesamtausgabe. Frankfurt am Main 2017 S. XXVIII ff.).

Auf schmalen Pfaden durchs Hinterland
Die Suchreise des japanischen Dichters
Matsuo Basho aus dem Jahre 1689

Ein so schwebendes Gebilde wie das Oku no hosumichi, diesen poetischen Reisebericht des altjapanischen Dichters Matsuo Basho, interpretieren zu wollen, gleicht dem Versuch, einen Wolkenschleier mit Nadeln aufzuspießen. Wir wissen, das pflegen die Entomologen nur mit toten Schmetterlingen und Käfern zu tun. Wie können wir also zu einem Verstehen dieses lebendigen Sprachkunstwerks aus einer so vollständig fremden Kultur, aufgezeichnet in einer uns unbekannten Sprache von einem für uns nicht fassbaren Dichter in seinen letzten Lebensjahren wenigstens in Teilen für unser Verständnis begreifbar machen, ohne es allein schon durch dieses Begreifen – mit unseren Händen – zu zerstören?

So könnten wir uns, in bester Absicht und voller Ehrfurcht vor der fremdartigen Kostbarkeit, in eine immer größere Ängstlichkeit hineinreden und schließlich den Abstand immer größer machen, wodurch nichts gewonnen und das Abenteuer des Kennenlernens eines solchen Kunstwerks schon aufgegeben wäre, ehe es so recht begonnen hätte. Das kann doch nicht unsere Absicht sein. Darum wollen wir, wenn wir uns schon als täppische Barbaren und „fremde Teufel", denn das ist die Übersetzung für gaijin, wie die Japaner alle Ausländer nennen, an die Lektüre dieses Textes gehen, uns einmal resolut zu unserer unvermeidlichen Grobheit und Barbarei bekennen und das Buch unter das Vergrößerungsglas unseres westlichen und objektivierenden Denkens legen und ihm mit einer Reihe von inquisitorischen Fragen auf den Leib, d.h. auf den Einband und die Seiten rücken.

Die dafür nötigen Fragen hat ein älterer Philosoph und Jurist, Joachim Georg Derjes (1714-1791), in schon wieder zum Schmunzeln anregender Pedanterie wie folgt in ein System gebracht und in klarem

Latein formuliert: quis? quid? ubi? quibus auxiliis? quomodo? quando?
– man erkennt darin unschwer die üblichen Fragen eines Untersu-
chungsrichters. Sie könnten trotzdem von Nutzen sein. Fragen wir also
ungescheut drauflos; und wenn uns dabei im Laufe der Erörterung die
freche Direktheit abhanden kommt, umso besser. Wir können aber am
Anfang dieser Bemühungen nicht wissen, was dabei am Ende heraus-
kommt, und so soll der Versuch gewagt werden.

Die erste Frage, quis?, zielt auf den Autor. Wer war dieser Dichter,
mit dessen Werk wir uns hier beschäftigen? Matsuo Basho, der eigentlich Matsuo Munefusa hieß – den Beinamen Basho erhielt er nach einer
Bananenpflanze bei seinem Haus, die japanisch basho heißt – wurde
1644 als Spross eines alten Samurai-Geschlechts in Ueno geboren. Er
dichtete bereits mit neun Jahren seinen ersten Dreizeiler und erlernte
das Handwerk des Dichtens bei Kitamura Kigin, einem Meister des
Ranga-Kettengedichts. Er war bei ihm Mitschüler eines Adligen – eines
daimyo – namens Todo Yoshitada, dem er dann als Knappe diente.

Nach dem plötzlichen Tode seines jungen Herrn war er, wie man
heute euphemistisch sagen würde, „freigestellt“, und er ging 1666 für
einige Zeit nach Kyoto in ein Kloster und erlernte dort den Zen-Bud-
dhismus auf die in diesen Orden übliche harte Art und Weise. Bald
kehrte er aber wieder zu seinem alten Lehrer Kigin zurück und betrieb
bei ihm ein intensives Studium der Gedichtart, für die er später berühmt
wurde: des Haiku. Er gründete eine eigene Schule der Dichtkunst und
ließ sich in Fukagawa bei Edo nieder, dem heutigen Tokio, wo er sich
seine Dichterklause unter dem schon erwähnten Bananenbaum errichtete, der ihm zum Künstlernamen werden sollte. Zu Zeiten war er auch
verheiratet, ohne dass von seiner Frau mehr zu erwähnen wäre als ihr
– anzunehmender – früher Tod. Sein Refugium verließ Basho lediglich für mehrere längere und kürzere Reisen, von denen jeweils knappe
Berichte und die in ihrem Zusammenhang entstandenen Gedichte
überliefert sind.

Es sind dies die folgenden Werke: (1) Das Nozarishi-kiko („Auf
der Heide verbleichendes Gerippe") über die zeitlich längste Reise

in den Jahren 1684/85; (2) das Kashima-kiko („Über die Reise nach Kashima"), eine kurze Wanderung in die nähere Umgebung von Edo; (3) Das Oi no kobumi („Kleine Schrift aus dem Tragekorb"), führt in die Kansai-Provinzen um Kyoto in den Jahren 1687/88 und enthält poetologische Reflexionen neben 60 Haiku-Gedichten; (4) Das Sarashina-kiko („Über die Reise nach Sarashina"), diese Reise hatte das Ziel, über dem Obasute-yama („dem Berg, an dem die Tante ausgesetzt wurde"), den Mond zu bewundern; und schließlich das (5) Oku no hosumichi, der Bericht über die Reise in den „wilden Norden" des Landes, die 150 Tage dauerte und über 2.400 Kilometer ging. Dieses Werk, in dem Basho nach dem Urteil der Kenner eine neue Art des Reisetagebuches schuf, wollen wir näher kennenlernen.

Über das Japan des 17. Jahrhunderts, die sogenannte Tokugawa-Zeit, in der der Feudaladel noch über große Macht verfügte, mögen ein paar Andeutungen genügen: wir wissen, dass das Land noch jahrhundertelang von der Außenwelt abgeschlossen war, aber diese selbstgewählte Isolation scheint keineswegs als bedrückend empfunden worden zu sein; irgendwelche Vergleiche mit der Lage der alten DDR wären also durchaus irreführend. Japan lebte in einer eigenen und reichen kulturellen Tradition, die Künste wurden gepflegt, und nichts deutet darauf hin, dass die Menschen unter einem bedrückenden Klima gelitten hätten. Dabei darf man natürlich das Leben der Menschen nicht idealisieren, und an recht harte Lebensumstände waren wohl die Vertreter aller Schichten gewöhnt und sind es noch heute.

Die Frage nach dem „Wann" der Reise des Basho wurde schon geklärt, und innerhalb seiner eigenen Lebensgeschichte fällt der Aufbruch zu seiner letzten großen Wanderung in sein 45. Jahr. In Anbetracht dessen, dass er dann nur noch fünf Jahre gelebt hat, müssen wir also eher von seinem Alter als von seinen mittleren Jahren sprechen; mit der heutzutage nicht seltenen Langlebigkeit der Japaner konnten ihre Vorfahren im 17. Jahrhundert wohl kaum rechnen.

Wenn man eine vage zeitliche Einordnung des Dichters in unsere westlichen Zeitläufe geben wollte, so könnte man ihn, ohne dass damit etwas erklärt wäre, als ungefähren Zeitgenossen von Gottfried Wilhelm Leibniz bezeichnen, der von 1646 bis 1716 gelebt hat. Unter seinen Dichterkollegen innerhalb des deutschen Sprachraums könnte man etwa an Quirinus Kuhlmann (1651-1689) und Angelus Silesius (1624-1672) denken.

Wenn wir die Reisedichtung des Dichters Basho als Zeugnis einer Suchwanderung betrachten wollen, und ich glaube, dazu besteht ein hohes Maß an Berechtigung, dann stellt sich die Frage: was sucht er? Reisen ist unter den Völkern des Fernen Ostens nicht unbedingt eine erstrebenswerte Betätigung; eher müsste man von einer allgemeinen Sesshaftigkeit der Bevölkerung sprechen, aus der sie nur durch Not und Bedrängnis, Naturkatastrophen und Kriegsgreuel aufzuschrecken sind. Reisen werden im Allgemeinen wohl nur von Kaufleuten unternommen, das ist Basho nicht, oder eher unfreiwillig von Soldaten; aber er ist ja kein Samurai und damit kriegerischer Gefolgsmann eines Fürsten mehr. Eine Sonderstellung nimmt der Wandermönch und ganz allgemein der Pilger ein; vielleicht gibt es hier eine Möglichkeit des Vergleichs. Wir werden die Frage im Auge behalten. Wenn wir seine Herkunft aus der Schule des Zen bedenken, scheint das auch in diese Richtung zu weisen, und „Herkunft bedeutet stets auch Zukunft", sagt Martin Heidegger in seinem „Gespräch mit einem Japaner".

Kurz zu beantworten ist die Frage, mit welchen Hilfsmitteln der Dichter auf die Reise geht, „quibus auxiliis". Seine Zurüstungen waren die allerbescheidensten. So heißt es im ersten Kapitel seines Berichts: „Die Gottheiten der Verführung betörten mein Herz und die Wegegötter winkten mir zu, so dass mir keine Arbeit mehr von der Hand ging. Ich flickte daher meine Hose, wechselte das Band meines Wanderhutes und brannte mir Moxa ab unterhalb der Knie" (45).

Wohin ihn die „Wegegötter" locken, sagt er auch: „Im Geiste sah ich bereits den Mond von Matsushima (ebd.). Er schreibt ein Abschiedsgedicht und haftet es an den Türpfosten: „Auch mein grashüttlein / im Wandel der Zeit: Das Puppenfest / erleben andere (...)" (47).

Ist hierzu eine Interpretationshilfe vonnöten? Vielleicht doch: Die „Götter der Verführung" – das ist im Japanischen nur ein Adverb, das wörtlich soviel wie „unwillkürlich, gegen den eigenen Willen, unerklärlich, ganz von selbst" bedeutet, verrät uns der Übersetzer.

Ganz leicht fällt der Abschied aber nicht: „Ich bekam einen Stich ins Herz, als mir angesichts der Blüten von Ueno und Yanaka unwillkürlich das Gedicht einfiel „(...) wenn werde ich sie wiedersehen?". Wir erinnern uns, der Dichter ist 45 Jahre alt!

Zur Art und Weise des Zitierens ist anzumerken, dass Basho einer verbreiteten Gewohnheit des literarisch gebildeten Japaners folgt – und wer ist in diesem Land und zu seiner Zeit eigentlich kein Kenner der gesamten älteren Dichtung – der Gewohnheit nämlich, ein Gedicht so gut wie nie vollständig zu zitieren, sondern nur mit einer Zeile ins Gedächtnis zu rufen; alles andere wäre pedantisch und würde den Leser oder Zuhörer auf ganz und gar unhöfliche Weise unterschätzen.

So bricht er also auf, und Freunde geben ihm und seinem Reisegefährten das Geleit auf dem ersten Teil der Reise, die zu Schiff zurückgelegt wird. Sein Gefühl ist durchaus nicht heiter, eher bedrückt, wenn er sagt: „Meine Kehle schnürte sich zu. Ich musste plötzlich an die bevorstehenden 3.000 Meilen denken" (51).

Also folgt er einem vorbedachten Plan. Er schämt sich nicht der Tränen des Abschieds und schreibt: Der Frühling scheidet: / Die Vögel weinen selbst den Fischen / kommen die Tränen (...)". Und er fügt ganz sachlich hinzu: „Dies sollte das erste Gedicht dieses Tagebuchs werden aus meinem Reise-Schreibzeug" (51).

Er hat also vor, wie er es bereits auf den vorausgegangenen Reisen getan hatte, auch auf dieser Wanderung Gedichte zu schreiben. Wir erfahren dabei ganz beiläufig von seinem Reise-Schreibzeug, offenbar dem wichtigsten Bestandteil seines kargen Gepäcks. Der Dichter geht nicht ohne sein Werkzeug auf Reisen. Ob dieses und der – zumindest in Umrissen – vorgeplante Verlauf der langen Wanderung, etwas miteinander zu tun haben? Wir werden sehen.

„In diesem 2. Jahr Genroku ist es also soweit, die leichthin ins Auge gefasste Wanderübung auf langen Pfaden durchs Hinterland wirklich anzutreten". Ganz leicht fällt ihm die Umstellung immer noch nicht. Er fügt darum hinzu: „Sicher wird mir so manches widerfahren: Unter dem fernen Himmel, und sei es über dem Lande Wu oder woanders, wird auch mein Haar ergrauen" (53). Das Land Wu ist eine sprichwörtlich abgelegene Gegend in China.

Jetzt nicht mehr zu Schiff, sondern zu Fuß unterwegs, stellen sich die ersten Unbequemlichkeiten ein: „Erstmalig spürte ich die Last, die meinen abgemagerten, knochigen Schultern aufgebürdet wurde. Ursprünglich wollte ich nur einfach so, mit nichts als meinem eigenen Körper beschwert, loswandern! Nun kam noch etliches hinzu: ein Papiergewand gegen die Nachtkälte, ein Badekimono, Regenzeug, Pinsel und Tusche und ähnliches. Auch die vielen Abschiedsgeschenke, die ich nicht ablehnen, Dinge, die ich nicht wegwerfen konnte, werden jetzt zur Bürde der Reise. Das lässt sich nicht mehr ändern" (55). Da wäre wohl so mancher gern wieder umgekehrt. Aber das wäre gegen den Geist der Reise-Übung; hier ist an die Lebensform des Wander-Mönchs zu denken.

Das nächste Etappenziel ist eine berühmte Kultstätte. „In Muro no Yashima pilgerten wir zum dortigen Tempel" (57). Sein Gefährte Sora erklärt: „Die Schutzgottheit dieses Tempels (…), die ‚Frühlings-Prinzessin-die-den-Bäumen-Blüten-aufsetzt‘, ist zugleich die des Berges Fuji". Ihrem Gelübde entsprechend betrat sie einen Lehmspeicher, zündete sich an und gebar unter Flammen die Feuergottheit Hohodemi no Mikoto. Daher stamme der Name „Feuerstätte im Lehmspeicher" und nun folgt etwas für uns Überraschendes: „Der Brauch, in der Dichtung den Rauch dieser Gegend zu besingen, stammt von dieser Legende" (57).

Das Dichten ist also nicht freies Spiel der Phantasie, sondern ist Ur-Kunde von den Taten der Götter, und diese Taten werden nicht nur einmal einfach berichtet, sondern es hat sich der „Brauch" gebildet, in dieser bestimmten Gegend über den Rauch zu dichten

– im Andenken an das Selbstopfer der Frühlingsgöttin und ihr Stirb und Werde. Der Begriff „Heilige Schriften" muss in Japan offenbar weiter gefasst werden, als es uns von der biblischen Tradition her in den Sinn gekommen wäre.

Am 30. Tage beherbergt die beiden Wanderer ein schlichter Mann, der gleichwohl den Namen „Gozaemon der Buddha" führt, und er lädt sie ein, bei ihm die Nacht in Ruhe zu verbringen, wenn er auch nur ein Graskopfkissen anzubieten habe. Basho erinnert dazu sogleich an ein Wort des Konfuzius: „Resolute Strenge und ungehobelte Schlichtheit kommen der Menschenwürdigkeit am nächsten" (59).

Beim Besuch des Tempel-Berges von Nikko gibt Basho einen Exkurs über die Bedeutung seines Namens: In alten Zeiten habe man ihn mit dem Schriftzeichen Futa-Ra (auch Nikko gelesen) bezeichnet, das heißt „doppelt-wild". Der Großmeister Kukai habe jedoch anlässlich der Gründung des Tempels die Schreibung in Nikko – „Der Sonne-gleich-strahlen" – geändert, und er fragt, ob er dessen tausendjährige Zukunft schon vorausgeahnt habe? Jedenfalls strahle sein erhabenes Licht über den ganzen Himmel und seine Gnade ergieße sich in alle acht Himmelsrichtungen. „Da kann ich in tiefer Ehrfurcht nur den Pinsel niederlegen!" Er tut das, nachdem er dieses Gedicht geschrieben hat: „Wie verehrungswürdig! / Zarte Blätter – grüne Blätter / von Sonnenstrahlen durchglänzt (...)" (61).

Im nächsten Kapitel stellt er seinen Gefährten Sora mit einem von diesem gedichteten Dreizeiler vor und er sagt, er habe sich seine Hütte neben der seinen errichtet und ihn stets mit Wasser und Holz versorgt. Nun habe er sich die Haare scheren lassen und ein Mönchsgewand angelegt.

Das nächste Ziel ist der Wasserfall Uraminotaki. Es gibt auch eine überlieferte Art, wie seine Schönheit am besten zu würdigen ist: Man muss sich in die Felsengrotte zwängen, um dann von hinten durch den Wasserfall hindurchzuschauen. Das inspiriert Basho zu dem Gedicht: „Für eine kurze Weile / wird man vom Wasserfall geborgen – zum Sommeranfang", womit zugleich auf eine Vierwochenfrist hingedeutet wird, in der strenggläubige Mönche und Nonnen keine Feste feiern; wir könnten dabei an die Fastenzeit denken.

Auf dem Wege zu dem Ort Nsasu no Kurobane, wo sie einen Freund besuchen wollen, sehen sie ein Pferd auf dem Feld. Der Bauer, dem es gehört, leiht es ihnen, damit sie in den vielfältig durcheinanderlaufenden Pfaden den Weg nicht verlieren. Er sagt: „Nehmt also mein Pferd hier und schickt es von dort zurück, wo es stehenbleibt". Sie folgen dem Rat, binden die Leihgebühr an die Satteltasche und senden das Pferd zurück – ganz ohne Geld sind also die beiden Pilger nicht, und wir hören hier zum ersten Mal ganz nebenbei davon.

In der Gegend des Ungan-Tempels sollen angeblich noch die Reste der Bergklause von Bashos Lehrer, dem Abt Butcho vorhanden sein. Der hatte seinerzeit darüber geschrieben: „In Länge und Breite / misst diese Grashütte kaum / fünf Fuß! – Hätte ich mich abgemüht, sie zu errichten, wenn es den Regen nicht gäbe?" Basho findet die alte Hütte und antwortet mit einem eigenen Gedicht: „Kein Specht zerstört / mit seinem Klopfen diese Hütte – im sommerlichen Baumschatten (...)" und klebt es an einen Pfeiler (83).

Endlich gelangen sie an den Grenzpass Shirakawa, dem Tor zum Hinterland. Basho schreibt: „Nun war meine Wandersehnsucht endlich gestillt" (91). Sie hatten damit eine der drei berühmten Grenzbarrieren erreicht, die „schon viele Dichtersleute in unserem Land in Hochstimmung versetzt haben". Sie bilden das Eingangstor zum „wilden Land", seinem eigentlichen Ziel. Nun hat er gewissermaßen die zivilisierte Welt hinter sich gelassen und ist aufs höchste gespannt, was ihn jetzt erwartet. (Ganz aus der Ferne erinnere ich mich an den leisen Schauer, der mich erfasste, als ich den Nördlichen Polarkreis überschritten habe.)

In der Poststation von Sukagawa hat er einen Freund namens Tokyu, bei dem sie ein paar Tage bleiben. Der fragt, wie es ihnen an der Grenzschranke ergangen sei. Basho antwortet: „Durch die Beschwerden der langen Reise an Körper und Seele erschöpft, von der Schönheit der Landschaft fast der Sinne beraubt und jener poetischen Reminiszenzen eingedenk, die mir geradezu das Allerinnerste aufwühlten – war ich geistig einfach nicht auf der Höhe, auf Anhieb einen Vers zustandezubringen" (98f.)

Später gelingt ihm dann doch ein „Erstgedicht", an dem sie gemeinsam weiterdichten. So entsteht eine der schwierigsten und strengsten dichterischen Formen, das nach genauen Regeln von mehreren Dichtern gemeinsam gestaltete Kettengedicht. Das also ist die erste Frucht, die er in dieser „Wildnis" ernten kann! Die Interpretation allein dieses Gedichts, das, ausgehend von Kastanienblüten, das „Reine Land" des Amida Buddha evoziert, würde eine eigene poetologische und religionsgeschichtliche Vorlesung erfordern.

Auf den Spuren des treuen Vasallen Sato Motoharu kommen sie an die Grabstelen der Familie. Besonders die Grabinschriften der Schwiegertöchter berühren ihn: Diese hatten nach dem Tod ihrer Männer in der Schlacht sich deren schwere Rüstungen angelegt und darin weitergekämpft. Sie wollten Ihren Schwiegermüttern den Anblick siegreich zurückkehrender Söhne bieten. Dazu kam es wohl nicht mehr. Basho führt das nicht aus, aber er beweint die Heldinnen ausgiebig.

In Lizuka verbringen die Wanderer eine böse Nacht. Sie hatten sich in dem Ort mit seinen berühmten heißen Quellen angemeldet, bekamen aber nur eine elende Schlafstätte. Der Regen troff durch das Dach, und es gab Flöhe und Moskitos. Basho beklagt: „Ich konnte kein Auge schließen! Mein altes chronisches Leiden stellte sich wieder ein – die Schmerzen raubten mir fast die Besinnung" (113).

Sein chronisches Leiden waren Magenkrämpfe; außerdem litt er an Hämorrhoiden, unter diesen Umständen zweifelt er sogar, ob er bis zu seinem Ziel durchhalten werde, und ihm wird angst und bange. „Schließlich aber befand ich mich auf einer Wanderübung, ein Wanderer durch weit entlegene Provinzen, der um der Erleuchtung willen der Welt entsagt und sich auch die Idee der Vergänglichkeit stets vergegenwärtigt und der die Möglichkeit, unterwegs zu sterben, hinnimmt als Bestimmung des Himmels" (115).

Wir ahnen, was es mit der Wanderübung des Zen-Schülers auf sich hat, und langsam dämmert auch die Bedeutung der Grenze. Hier kann einem aufgehen, dass der Dichter zu Anfang seiner Reise seine „abgemagerten Schultern" nicht aus Wehleidigkeit erwähnt hat: diese Wanderübung bereitet ihn auf seine allerletzte Reise vor. Darum hält er auch bis zum Ende durch, während sein jüngerer Gefährte, um dies vorwegnehmend hier einzuflechten, einfach umkehren kann, als er krank wird und ihm die Anstrengung zu groß ist. Für ihn ist es eben noch nicht so weit. Wir erinnern uns: er hatte zu dieser Reise ein Mönchsgewand angelegt, der Dichter Basho geht in schlichtestem „Zivil". Unausgesprochen enthält das Buch die Mitteilung, wer von beiden der eigentliche Mönch ist!

Songlines
Wanderungen und Träume
der australischen Ureinwohner

Am 7. Dezember 1781 schrieb Goethe an Frau von Stein: „Meinen neuen Roman über das Weltall hab' ich unterwegs noch durchgedacht und gewünscht, dass ich ihn diktieren könnte; es gäbe eine Unterhaltung, und das Werk käme zu Papier" (Jub.-Ausg. 40,Vll). Den Inhalt des Romans über das Weltall sollte eine an die Kosmogonie anschließende Erdgeschichte bilden; aber dieses Werk, das dem Dichter schon wie fertig vor Augen stand, dass er meinte, es nur noch in einem Zug diktieren zu müssen, ist nicht zustandegekomnen. Nur ein Text aus dem Umkreis dieses weitgespannten Plans hat sich erhalten: das Fragment „Über den Granit" aus dem Jahre 1784 (ebd. 7-11)

Den großangelegten Plan Goethes hat später Alexander von Humboldt aufgegriffen und zwar nicht einen Roman über das Weltall, aber immerhin in vier Bänden seines „Kosmos. Entwurf einer physischen Weltbeschreibung" (1845-1862) eine umfassende Aufzeichnung des Wissens seiner Zeit über Erde und Welt veröffentlicht.

Einen Roman von der Erde hat dagegen der junge englische Autor Bruce Chatwin in seinem 1987 erschienenen Werk „Songlines" verfasst, das in deutscher Übersetzung im Jahre 1990 unter dem Titel „Traumpfade" erschienen ist. Davon möchte ich Ihnen heute berichten.

Zuvor werde ich aber in aller Kürze über das Leben des Autors einige Nachricht geben, denn Leben und Werk stehen bei ihm in sehr enger Beziehung. Wenn ich noch einmal Goethe erwähnen darf, ohne im Geringsten Unvergleichliches miteinander vergleichen zu wollen, so haben auch die Bücher Chatwins dies mit unserem Dichter gemeinsam, dass sie ebenfalls „Bruchstücke einer großen Konfession" genannt werden können. Darum wird es dem Verständnis dienlich sein, wenn ich einiges über den Autor vorausschicke. Ich stütze mich hierbei auf das Buch von

Susannah Clapp „Mit Chatwin", das in diesem Jahr (1998) deutsch erschienen ist. Es handelt sich dabei nicht um eine auf Vollständigkeit bedachte Monographie, sondern um einen spontan niedergeschriebenen und von vielen persönlichen Erinnerungen durchzogenen biographischen Essay, der zwar allerlei sonst gewohnte Hilfen wie eine Zeittafel oder ein Personenregister vermissen lässt, aber dafür einen lebendigen Eindruck von einer höchst vielschichtigen Persönlichkeit vermittelt. Susannah Clapp hat als Verlagslektorin mit dem Autor aus dessen Aufzeichnungen spannend lesbare und offenbar auch sehr gut verkäufliche Bücher gemacht, und allein für diese Hebammendienste gebührt ihr Dank. Sie steht aber sichtlich noch in der Faszination, die von diesem Menschen ausging, und vielen seiner übrigen Bekannten, die sie über ihn befragt hat, scheint es genauso zu gehen.

Der junge Chatwin muss als eine strahlende apollinische Erscheinung die Menschen bezaubert haben, und er war mit seinen originellen Ideen und seinem sprudelnden Redefluss – druckreif, wie versichert wird! – überall der Mittelpunkt eines jeden Kreises. Dass so ein hochbegabter Mensch nach kurzem Aufleuchten in die Finsternis verschwunden ist, stimmt traurig; aber zugleich müssen wir dankbar sein, dass es ihn und andere Frühvollendete einmal leibhaftig auf dieser Erde gegeben hat; und außerdem können wir uns an sein Werk halten.

Hier also, wie versprochen, ein paar biographische Angaben. Wenn man schematisieren wollte, könnte man das Leben des Bruce Chatwin – nach seiner Schulzeit in einem englischen Internat – in vier Phasen aufteilen: Angestellter in einem Auktionshaus, Studium, Arbeit als Journalist, freier Schriftsteller. Aus jeder dieser Phasen hat er sich in überraschender Metamorphose, man kann auch sagen, durch Flucht, herausgewickelt, und wenn ihm eine längere Lebenszeit beschieden gewesen wäre, hätte er womöglich auch noch diese Lebensgestalt wie eine leere Schlangenhaut hinter sich gelassen und etwas ganz anderes begonnen: Mönch auf dem Berg Athos, das war war sein zuletzt genanntes Wunschbild. Dazu ist es aber nicht mehr gekommen. Aber der Reihe nach:

Bruce Chatwin wurde am 13. Mai 1940 als Sohn eines Anwalts in Sheffield geboren. Er hatte einen um vier Jahre jüngeren Bruder. Der Vater war kriegsbedingt lange abwesend, und die Mutter zog jahrelang mit den Kindern hin und her. Es folgte Schule und Internat, aber dann kein akademisches Studium, sondern der junge Chatwin trat achtzehnjährig in das Auktionshaus Sotheby's ein. Er begann 1958 als Botenjunge und verließ die Firma acht Jahre später zusammen mit seiner Frau Elizabeth, die er dort kennengelernt hatte und ging nach Edinburgh, um dort Archäologie zu studieren. Er gab das Studium ohne Examen auf und arbeitet wieder in London, für das Sunday Times Magazine, zuerst beratend, dann selbst mit eigenen Beiträgen. Diese Zeit als Journalist war seine Schule des Schreibens. Von einem journalistischen Auftrag, der ihn nach Amerika geführt hatte, bricht er auf oder besser aus nach Argentinien, und aus den Aufzeichnungen, die er von dort mitbringt, formt er sein erstes Buch: „In Patagonien", das Reiseberichte und Reflexionen enthält. Das Buch machte ihn sogleich berühmt; als Autor wohlgemerkt, denn bekannt war er schon vorher.

Hier ist einzuschalten, dass es sich bei diesem Buch lediglich um das erste realisierte Buchprojekt handelt. Lange zuvor hatte er schon die Absicht, einen umfangreichen Traktat über die Nomaden zu schreiben, und er hatte jahrelang dafür ein umfangreiches Material zusammengetragen. Er sagte später in einem Interview: „Mit der Archäologie bin ich in dieselbe Falle geraten wie in der Kunstwelt, weil auch sie sich zu sehr auf Dinge verlässt. (…) Im Kairoer Museum sah ich die vielen Gesichtsmasken von Pharaonen, eine neben der anderen. Ich fragte mich: Wo sind Moses' Gesichtsmasken? Ich begann Leute zu mögen, die keinen Müll hinterließen."

Er begann sich für Leben zu interessieren, „das kein Archäologenspaten ausgraben" könne, für das Leben von Nomaden, die durch die Geschichte wanderten, „ohne eine Brandstelle zurückzulassen" (134).

Was er aber noch ganz speziell an der Archäologie auszusetzen hatte, war, dass „seine ehemaligen Lehrer jeden Versuch, anhand prähistorischer Gegenstände Rückschlüsse auf die Religion und den Charakter ihrer Hersteller zu ziehen, als emotional und unwissenschaftlich abtaten" (135). Offenbar war er an Professoren geraten, die einem besonders engen wissenschaftlichen Positivismus folgten; aber ist es wirklich so verwerflich, Artefakte als das Werk von Menschen zu betrachten, deren Fühlen und Denken uns zu Fragen Anlass gibt? Chatwin hat jedenfalls sein Buch über die Nomaden – noch im Stadium des Plans – bei mehreren Verlagen angeboten, die sich aber nicht dafür erwärmen konnten. Schließlich hat er das Material als Steinbruch benutzt. Viele seiner Notizen sind in das spätere Buch „Songlines" aufgenommen worden.

Zunächst folgten aber auf das Buch „In Patagonien" noch zwei weitere, „Der Vizekönig von Ouidah" – über einen afrikanisch-brasilianischen Sklavenhändler – und „Auf dem schwarzen Berg" über ein merkwürdiges Brüderpaar in Wales, bis er schließlich zu seinem vierten Buch, „Songlines", kam, dem noch ein kürzerer erzählender Text folgte, der Roman „Utz" über einen skurrilen Sammler und Kunstschmuggler aus Osteuropa, und, gleichsam als Epilog, „Was mache ich hier", eine Zusammenstellung kürzerer Arbeiten, Gespräche und Begegnungen, offenbar der Extrakt seiner journalistischen Periode.

Ein Opernlibretto ist Plan und Skizze geblieben, aber eine Auswahl seiner Fotos ist noch erschienen. Womöglich wird aus dem Nachlass noch manches Interessante auftauchen. So wäre ein vollständiger Abdruck seiner 85 hinterlassenen Notizbücher sicher lohnend. Dabei geht es nicht um biographische Neugier oder Schnüffelei, vielmehr wäre es unbedingt interessant, nachzuvollziehen, was Chatwin gesehen hat: Seine Biographin Clapp schreibt „Bruces Geschmack behielt auch nach seinem Tod noch Einfluss auf seine Freunde: er brachte sie dazu, Dinge anders zu sehen, und er brachte sie dazu, andere Dinge zu sehen" (190).

Wenn man nach Art der Literaturhistoriker vorgehen wollte, könnte man in dem 1987 im englischen Original und 1990 auf Deutsch erschienenen Werk „Songlines" bzw. „Traumpfade" drei verschiedene Schichten oder Erzählstränge unterscheiden, die teils miteinander verbunden sind und teilweise unverbunden nebeneinanderstehen: der Bericht über eine Reise nach Australien, merkwürdigerweise das am wenigsten realistische Element; dann die schon erwähnten umfangreichen Auszüge aus dem Material zum nicht realisierten Nomadentraktat und schließlich die Passagen über die Mythen und Rituale der Aborigines, der australischen Ureinwohner. Darauf möchte ich mich im folgenden beschränken und den gesamten Reisebericht, der mehr Fiktion als realistische Wiedergabe von Erlebnissen ist, völlig beiseitelassen.

Wenn man nun fragt, was diese drei so verschiedenartigen Elemente des Buches dennoch zu einer Einheit zusammenführt, müsste man antworten: der Autor selbst! Hubert Fichte, der ihm in vieler Hinsicht vergleichbar ist (außer in der ästhetischen Verfeinerung), sagte einmal: „Man berichtet ja immer von sich" (Text und Kritik Nr. 72, 1981, S. 67).

Auch Susannah Clapp betont mehrfach, dass Chatwin, gerade auch in den fiktionalen Partien, gar nicht so weit von der biographischen Wahrheit abweicht. Aber das braucht uns hier nicht im Einzelnen zu interessieren. Interessanter ist die Frage, warum wählt sich der Autor gerade diese australischen „Wilden" zu den eigentlichen Helden seiner Erzählung. Er sieht in ihnen offenbar die prototypischen Vertreter seines nomadischen Ideals, dem er sein ganzes Leben nachgeforscht hatte. Es sind diese in den Weiten eines krass unwirtlichen Kontinents versprengten Gruppen, die gerade noch einer zweihundertjährigen gezielten und gedankenlosen Vernichtung durch die weißen Australier entgangen sind, über die Chatwin mit Staunen und Verwunderung, ja mit unverkennbarer Zuneigung und Verehrung schreibt.

Er hat dabei nicht nur irgendwelche zufälligen Informationen aufgenommen, wie sie Touristen zugänglich sein mögen, sondern er hat sich auch in die beste darüber vorhandene Literatur eingearbeitet, so erwähnt er beispielsweise die Bücher von Strehlow, der sein ganzes Leben der Erforschung der Eingeborenentraditionen gewidmet hat. So sind also seine Quellen verläßlich, und die referierenden Passagen des Buches wohl auch. Was die Interpretation angeht, wird mancher die Schlussfolgerungen des Autors zu kühn und eher seiner Begeisterung geschuldet finden. Vielleicht darf man aber sogar noch über ihn hinausgehen.

Um nun nicht seitenlang aus der Fachliteratur zu zitieren, führt der Autor die Figur des russischstämmigen Arkady ein, der sich zum Anwalt der Aborigines gemacht hat und zwischen diesen und einer Gruppe von Weißen vermittelt, die eine Eisenbahnlinie planen, die mitten durch deren Gebiet führen soll, aber alle heiligen Orte schonend umgehen möchte. Hierbei ergibt sich schon die erste Schwierigkeit: ganz Australien ist in den Augen der Eingeborenen heiliges Land! Wo will man da eine Eisenbahn trassieren, wenn sie jede Veränderung als eine Verletzung der Erde, letztlich also als eine Blasphemie ansehen.

Im Gespräch mit dem reisenden Autor und dem ihm empfohlenen Experten für alle Fragen des Eingeborenenrituals, eben jenem Arkady, entwickelt Chatwin die verwirrende Mythologie jenes nur scheinbar primitiven Volkes, wobei er auf beiden Seiten des Dialogs steht (215).

Aber dieser recht durchsichtige literarische Kunstgriff soll uns hier nicht stören, und ich werde einfach aus der Fülle des dargebotenen Materials einige wesentliche Tatsachen und Überlegungen aufzählen.

Es ist dem Buch auch anzumerken, dass es in großer Eile niedergeschrieben ist. Der Autor läuft mit dem Tod um die Wette, hat aber für dieses Mal noch gewonnen: er hat das Buch noch beenden und in Druck geben können. Obwohl kompositorische Mängel nicht zu übersehen sind – die Lektorin, Susannah Clapp macht selbst auf etliche aufmerksam – scheut man sich doch, rein literarische Maßstäbe anzulegen. Die große, und wie es scheint, internationale Wirkung wird davon nicht beeinträchtigt. Niemand würde das Buch Genesis wegen seiner literarischen Schwächen verdammen, und um nichts weniger als eine Genesis handelt es sich auch hier.

Die „Schöpfungsmythen der Aborigines berichten von den legendären totemistischen Wesen, die einst in der Traumzeit über den Kontinent wanderten und singend alles benannten, was ihre Wege kreuzte

– Vögel, Tiere, Pflanzen, Felsen, Wasserlöcher, – und so die Welt ins
Dasein sangen"(9).

Hier haben wir in wenigen Zeilen die Grundvorstellungen der
Australier. Achten wir weiter in allen Texten auf diese ersten Grun-
delemente: die Ahnen, ihre Wanderungen, ihre Namengebung an alles
Begegnende, und zwar in Form eines Gesanges, also einer Dichtung,
die wie alle ursprüngliche Poesie zur Rezitation, das heißt zum Vor-Ge-
sang bestimmt war. (Unser tonloses Lesen ist eine reichlich späte Errun-
genschaft, vielleicht eher eine Kümmerform. Erinnert sei daran, dass
der Priester bei einer „stillen Messe" gehalten ist, wenigstens die Lippen
zu bewegen; aber was ist das gegen ein gesungenes Hochamt!)

Sogleich werden wir auch auf die Bedeutung des Wanderns hingewiesen,
und zwar des rituellen Wanderns, das die Aborigines „Walkabout" nennen.
Chatwin erwähnt den häufigen Fall von anscheinend bereits angepassten
Eingeborenen, die sich urplötzlich einer anderen Lebensweise besinnen:
„Sie zogen ihre Arbeitskleidung aus und gingen davon: für Wochen und
Monate und sogar Jahre, und sie wanderten über den halben Kontinent,
und sei es nur, um einen Menschen zu treffen, ehe sie zurückwanderten, als
wäre nichts geschehen" (20). Dieses Wandern ist nicht einfach nur Ortswechsel. Es ist auch kein Freizeitsport. Es ist Gebet, und eigentlich sogar
noch mehr, wie bald deutlicher werden wird.

Chatwin schreibt: „Die Aborigines hatten eine erdgebundene
Philosophie. Die Erde schenkte einem Menschen das Leben, gab ihm
seine Nahrung, seine Sprache und Intelligenz; und die Erde nahm ihn
zurück, wenn er starb." Er fährt fort: „Eines Menschen ‚eigenes Land',
und war es auch nur ein öder Landstrich mit Spinifexgestrüpp, war eine
heilige Ikone, die unversehrt bleiben musste" (21).

Der „russische Gesprächspartner" des Autors gebraucht hier einen
Ausdruck, der an Frömmigkeitsformen der Ostkirche erinnert; Chatwin
selbst interessierte sich in der letzten Phase seines Lebens selbst verstärkt
für die Ostkirche, und er träumte sich selbst als „Katze, die in einem
der Klöster auf dem Berg Athos auf dem von der Sonne erwärmten
Marmor friedlich schlummert" – ein tröstliches Bild.

Die folgende Gesprächssequenz nimmt auf die Rolle des Arkady beim geplanten Bau einer Eisenbahn Bezug – mit der ganzen Problematik, die ein solcher Plan in Australien mit sich bringt. Der Autor lässt ihn erklären: „Wenn man die Erde verwundet, verwundet man sich selbst (...) und wenn andere die Erde verwunden, verwunden sie dich. Das Land sollte unberührt bleiben: so wie in der Traumzeit, als die Ahnen die Welt ins Dasein sangen" (21).

Er fährt fort: „Die Aborigines (...) waren ein Volk, das auf leichten Füßen über die Erde schritt; und je weniger sie der Erde wegnahmen, um so weniger mussten sie ihr zurückgeben. (…) Sie schlachteten nicht, weder Tiere noch Menschen. Wenn sie jedoch der Erde für ihre Geschenke danken wollten, schlitzten sie sich einfach eine Ader am Unterarm auf und ließen ihr eigenes Blut auf den Boden tropfen" (21f.). Weiter in der australischen Version der Genesis: „In der Genesis schuf Gott zuerst die ‚lebenden Dinge', und dann formte er Vater Adam aus Lehm. Hier in Australien erschufen sich die Ahnen selbst aus Lehm, zu Hunderten und Tausenden, je einen für jedes totemistische Wesen" (22f.).

Für uns Europäer, die wir doch letztlich alle cartesianisch geprägt sind, ist die enge Verbundenheit der Australier mit ihrem Tier-Totem so gut wie nicht nachvollziehbar. In unserem Denken ist eben ein Mensch ein Mensch und ein Tier ein Tier, und zwischen den beiden gibt es keine Brücken – außer den kommerziellen und den sentimentalen. Wie sollen wir darum die folgende Beschreibung verstehen: „Wenn also ein Aborigine Ihnen sagt: ‚ich habe einen Wallaby-Traum', will der damit sagen: ‚Mein Totem ist das Wallaby. Ich bin ein Mitglied des Wallaby-Klans'."(23) Hier ist vieles erklärungsbedürftig. Zunächst der Name der Tierspezies: das Wallaby ist eine Känguruh-Art.

Dann die Identifizierung mit dem Tier als Totem, die als „Traum" bezeichnet wird; das ist wohl kaum der Begriff vom Traum, wie ihn der Analytiker hat.

Überhaupt, die dadurch gestiftete Zugehörigkeit zu einem Klan: Sie beruht nicht auf der Sippenzugehörigkeit, also auf der Abstammung, sondern auf einer Übertragung. Hier ist, spätere Erklärungen vorwegnehmend, diese Voraussetzung einzufügen: Diese Identität wird in einem besonderen Ritual bei der Initiation begründet.

Es handelt sich also um eine mehrfache Weise der Identität: Der erinnerte und dadurch gegenwärtig gemachte Urahn hat bei seiner Wanderung durch das noch unbekannte, und das heißt unbesungene, Land, das Totemtier, in diesem Fall das Wallaby, erschaffen. Dabei ist vorausgesetzt, dass bereits eine – für uns schwer verständliche – Vor-Form von Identität bestand; denn sonst hätte er nicht gerade dieses Tier geschaffen. (Ich nehme aushilfsweise das scholastische Axiom omne agens agit sibi simile hinzu, um mir den Vorgang verstehbar zu machen.)

Es ist noch einmal zu betonen: der legendäre Ahn hat also nicht das – ihm zuvor unbekannte – Tier Wallaby „entdeckt", so wie ein heutiger Zoologe auf Madagaskar eine bisher unbekannte Art von Halbaffen entdeckt und ins Linnésche System einordnet: Er hat es vielmehr durch seinen Gesang erst ins Leben gerufen und damit eine bleibende Verbindung zwischen sich als seinem Schöpfer und dem Wallaby als seinem Geschöpf gestiftet. Und nun erfolgt in der Initiation eine erneute Identifikation, die man als Identität zweiten Grades bezeichnen könnte: Der Initiand identifiziert sich mit seinem Ahn, der in der heiligen Urzeit gelebt hat und über die Fülle der Kraft verfügen konnte und in dieser Kraft sein Tier geschaffen hat, und er wird dadurch zum Mitglied seines Klans.

Wir ahnen, dass das mehr ist als der Eintritt in einen Verein: hier tritt nicht ein autonomes Individuum einer ihm zusagenden Gruppe bei, sondern durch diese Übergabe des Totems wird er erst als vollgültige Person – als reifes Glied seiner Gesellschaft – seinerseits ins Leben gerufen; denn die vorausgegangen Prüfungen der Initiation, die bis zu drei Jahre in Anspruch nehmen können, haben ihn zunächst „sterben" lassen, um ihn als Neugeborenen wieder mit dem Leben zu beschenken.

Die Ethnologen haben sich immer schon über die verschiedenen oft grausamen und für uns eher abstoßenden Riten der Initiation verbreitet, und man kann sagen, dass es eines ihrer Lieblingsthemen ist. Trotzdem bleibt hier vieles rätselhaft und letztlich doch unverstanden, weil nicht nachvollziehbar für Menschen, die als cartesianisch definierte Subjekte ihrer Umwelt als den Objekten gegenübertreten, mit denen sie dann erst mühsam in Objektbindungen eintreten müssen. Hier jedoch ist die ursprüngliche Einheit – und das bedeutet der schwer verständliche Ausdruck „Traumzeit", der nichts Temporäres und schon gar nichts Historisches meint – noch nicht aufgespalten.

Es handelt sich also um jene Ur-Einheit, die Erich Neumann an den Anfang der „Ursprungsgeschichte des Bewusstseins" setzt. Diese Einheit hat der urtümliche Mensch noch gar nicht verlassen: „Im Arme der Götter wuchs ich groß" – singt auch einer unserer Dichter: Hölderlin. Diese ursprüngliche Einheit, in der die Australier leben, ist jedoch nicht gleichförmig, sondern sie hat Phasen und klar eingeschnittene Reifungsprozesse. Einer davon, vielleicht der wichtigste, ist die Initiation. Darüber gleich noch mehr.

Zuvor will ich wieder dem Bericht Chatwins folgen. Er entwickelt die verwirrenden Tatsachen in einem Gespräch zwischen dem Australienreisenden, dem Ich-Erzähler des Buches, und dem Kenner von Land und Leuten, Arkady: Der Reisende, also sein Alter Ego, fragt: „Ein Traum ist also ein Klan-Emblem? Eine Art Abzeichen, das ‚uns' von ‚ihnen' unterscheidet? ‚Unser Land' von ‚ihrem Land'?" „Das geht noch sehr viel weiter. Jeder Wallaby-Mensch glaubte, von einem universalen Wallaby-Vater abzustammen, der der Ahne aller Wallaby-Menschen und aller lebenden Wallabys war. Wallabys waren daher seine Brüder. Eins zu töten, um es zu verzehren, war sowohl Brudermord als auch Kannibalismus".

Er fuhr fort, mir zu erklären, dass jeder totemistische Ahne auf seiner Reise durch das Land eine Spur von Wörtern und Noten neben seinen Fußspuren ausgestreut habe und dass sich diese Traumpfade wie Verkehrs-Wege zwischen den am weitesten auseinanderliegenden Stämmen über das ganze Land hinzögen. „Ein Lied", sagte er, „war gleichzeitig Karte und Kompass. Wenn man das Lied kannte, konnte man immer seinen Weg durch das Land finden." „Und wanderte ein

Mann beim ‚Walkabout' immer an einem dieser Songlines entlang?"
(23). „In den alten Zeiten ja. Heutzutage nehmen sie den Zug oder
das Auto." „Und wenn der Mann von seiner Songline abwich?" „Das
war Betreten fremden Bodens. Dafür konnte er mit dem Speer getötet
werden." „Aber solange er sich an seinen Pfad hielt, fand er immer
Menschen, die seinen Traum teilten? Die in Wirklichkeit seine Brüder
waren? (...) Von denen er Gastfreundschaft erwarten konnte? Ein Lied
also eine Art Paß, ein Gutschein für eine Mahlzeit?" Das sei noch viel
komplizierter versichert Arkady: Theoretisch konnte ganz Australien wie eine Partitur gelesen werden. Es gab kaum einen Felsen oder
einen Bach im Land, der nicht gesungen werden konnte oder gesungen
worden war. Dabei konnte jede Episode an den geologischen Formen
abgelesen werden, und jede entsprach einer heiligen Stätte (24).

Das alles geht auf die dichtenden Ahnen zurück. Niemand könne
sich vorstellen, dass die erschaffene Welt in irgendeiner Hinsicht
unvollkommen sei. Oberstes Gebot und Richtschnur der Religion sei
es darum, das Land so zu erhalten, wie es war. „Ein Mann der Walkabout ging, machte eine rituelle Reise. Er folgte den Fußspuren seines
Ahnen. Er sang die Strophen seines Ahnen, ohne ein Wort oder eine
Note zu ändern – und erschuf so die Schöpfung neu" (25).

Auf eine kurze Formel gebracht, erklärt sich das Existieren durch das
Singen der Ahnen. Singen und Zur-Welt-bringen sind also dasselbe.
Diese Tatsachen und die ursprünglich als Wanderung gedachte Existenz der frühen Menschheit bestärken den Autor in seiner Grundüberzeugung, dass Nomaden der Angelpunkt der Geschichte waren (31).

Nach diesen mehr theoretischen Passagen folgt im Buch ein
Zwischenspiel, in dem der Autor auf die in neuerer Zeit häufig geübte
Malerei der Ureinwohner eingeht. Sie wird von tüchtigen Geschäfts-
leuten gewinnbringend vermarktet, ist aber nichtsdestoweniger echt als
Dokument ihrer Religion. Dadurch entsteht das Problem: Was und
wieviel dürfen sie davon mitteilen, und das heißt zugleich, profanen
Blicken freigeben? Die Eingeborenenkünstler haben darum eine Art
Rückversicherung in Gestalt ihres „Ritualmanagers", der festlegt, was

sie zeigen dürfen und was nicht. Auf diese Besonderheit ihrer Religiosität will ich hier nicht näher eingehen; aber könnte man nicht, um sich diese Erscheinung verständlich zu machen, von einer Art Über-Ich sprechen?

Ein besonderer Aspekt des religiösen Lebens der Eingeborenen, der zugleich mit ihren rituellen Wanderungen zusammenhängt, ist ein Kultgegenstand der mit vielen Tabus umgeben ist, und von dem man darum auch in der ethnologischen Literatur eher mißverständliche Deutungen findet: das Tschuringa.

Schon die Übersetzungen dieses Namens führen auf eine falsche Fährte; Lexika und die Index-Bände zum Corpus Eranos geben den fraglichen Gegenstand als „Schwirrholz, engl. Bull-roarer", wieder. Nun kann ein Tschuringa manchmal auch ein Schwirrholz sein, also ein mit figürlichen Darstellungen geschmücktes Holzbrettchen, das an einer langen Schnur herumgewirbelt wird und dabei einen Ton erzeugt. Aber das ist hier nicht die ursprüngliche Bedeutung und trägt auch zum Verständnis nichts bei; abgesehen davon, dass es auch Tschuringas gibt, die aus Steinplatten gearbeitet sind. (Nebenbei: in Museen findet man solche Gegenstände äußerst selten, weil sie zu den am meisten heiliggehaltenen Requisiten der australischen Religiösität gehören.) Vielleicht kommen wir dem Verstehen näher, wenn wir die Funktionen des Gegenstands betrachten und einmal die Verwendung als töneerzeugendes Instrument außer acht lassen.

Näheres findet sich in einem Aufsatz von E. O. James, Myth and Ritual, Eranos XVII (1949), 79-100. „(…) among the Arunta the crowning experience consists in the initiate being confronted with his own particular churinga as the source of his transcendent power" (ebd. 89).

Hier wird also zuerst die Verbindung hergestellt zwischem dem Tschuringa und der Initiation, und es wird ausgeführt, dass die krönende Erfahrung, also der Höhepunkt, auf den die ganze vorbereitende Prüfungszeit für den Initianden zielt, der Blick auf das eigene Tschuringa sei, das dann näher als die Quelle seiner spirituellen Kraft bezeichnet wird.

Wir erinnern uns, dass auch in den spärlichen Nachrichten über antike Mysterienkulte Andeutungen vorkommen, die Vergleichbares enthalten: Auch hier besteht der Höhepunkt der heiligen Handlung, die den Mysten verwandelt, im Vorzeigen heiliger Gegenstände in der sog. cista.

Damit haben wir die wichtigsten Elemente in der Hand, die uns den Umgang mit dem Tschuringa verstehen lassen: Dieser heilige Gegenstand wird dem Kandidaten auf dem Höhepunkt der Initiation vorgewiesen, und er bewirkt dessen Wandlung zum erwachsenen Glied seines Stammes. Wir müssen sogleich ergänzen: Das Tschuringa wird ihm keineswegs ausgehändigt und mitgegeben; das wäre bei den Unsicherheiten der nomadischen Lebensweise auch gar nicht ratsam. Das Tschuringa wird vielmehr von den Ältesten aus seinem Versteck genommen und nach der Kulthandlung wieder dort verwahrt. Die Verstecke der Tschuringas sind vorzugsweise Höhlen, notfalls werden sie auch an bezeichneten Plätzen vergraben. Sie stammen aus unvordenklichen Zeiten und werden für alle Zukunft verwahrt, sind also nicht persönliches Eigentum des Initianden.

Andererseits sind sie auf eine mystische Weise dessen höchster und wertvollster Besitz; wenn man in diesem Zusammenhang von Besitzen sprechen darf. Der Mensch bleibt nach der Initiation sein ganzes Leben darauf bezogen, und es ist für ihn das Heiligtum schlechthin. Klanfremde dürften nur bei Strafe des Todes einen Blick darauf werfen. Darum findet man es auch kaum im profanen Raum von Museen. Wenn überhaupt, ist es nur durch Raub dahin gelangt, und wenn gutmeinende Museumsdirektoren, wie es zuweilen geschehen soll, ein solches Tschuringa zurückerstatten wollen, haben sie das Problem: Wer ist denn überhaupt autorisiert, es in Empfang zu nehmen? Das dürfte ja wieder nur ein Angehöriger des jeweiligen Klans sein, denn für alle Übrigen, also auch alle anderen Ureinwohner, bedeutete der bloße Anblick Lebensgefahr.

Wir werden kaum je ein solches Tschuringa in natura zu Gesichte bekommen, aber wir möchten verstehen, worum es sich dabei handelt.

Hier hat Erich Neumann den entscheidenden Hinweis gegeben: das Tschuringa ist ein Abbild des Selbst; genauer: es ist das Selbst des Eingeborenen. Das Ziel der rituellen Wanderung ist darum, den Ort aufzusuchen, wo das Tschuringa verwahrt wird. (Das geht leider aus dem Buch Chatwins nicht ganz so klar hervor, und ich bin darum nicht sicher, dass das der einzige Zweck der Reisen ist.) Was das Nach-Wandern der traditionellen Wege angeht, so finden sich noch weitere Erklärungen, die alle hinzugenommen werden müssen, um dieses hochkomplexe Phänomen annäherungsweise zu verstehen.

So führt Chatwin aus, dass die traditionellen Handelswege mit den Songlines identisch seien (83), und dass der Handel mit Gegenständen eher eine Begleiterscheinung des Handels mit Liedern sei: „Denn Lieder und nicht Dinge sind Hauptgegenstand des Tauschens" (ebd.) Dazu Arkady: „Bevor die Weißen kamen (...) war niemand in Australien ohne Land, denn jeder erbte als seinen oder ihren privaten Besitz ein Stück vom Lied des Ahnen und ein Stück von dem Land, über das das Lied führte. Die Strophen eines Menschen waren seine Besitzurkunde für sein Territorium. Er konnte sie an andere ausleihen. Er konnte sich seinerseits Strophen borgen. Nur verkaufen oder loswerden konnte er sie nicht.

Wenn zum Beispiel die Ältesten vom Klan der Rautenschlange beschlossen, dass es Zeit war, ihren Liederzyklus von Anfang bis Ende zu singen, wurden den Weg hinauf und hinunter Botschaften gesandt, um die Besitzer des Lieds zu einer Versammlung am Zeremonienplatz herbeizurufen. Dann sang jeder Besitzer, einer nach dem anderen, sein Stück von den Fußspuren des Ahnen (...). Eine Strophe außerhalb der Reihe zu singen, (...) war ein Verbrechen. Gewöhnlich bedeutete es die Todesstrafe. Der Grund: „Es bedeutete, die Schöpfung ungeschehen zu machen" (83f.).

Und wenn das noch nicht genug der Kompliziertheit wäre, so müssen wir uns nun mit einem weiteren Problem befassen: der Verschiedenheit der Sprachen. Machen wir uns die erstaunliche Tatsache klar, dass trotz der relativen Gleichförmigkeit der Lebensverhältnisse auf dem dünn

besiedelten Kontinent etwa 200 Sprachen existieren, Sprachen, nicht
Dialekte! Das hat Linguisten schon immer zur Verzweiflung getrieben,
und Lexika geben die Verlegenheitsauskunft, die australischen Einge-
borenensprachen seien „wenig erforscht".

Die Verschiedenheit der Sprachen bildet aber mitnichten ein
Hindernis zum Verstehen der Lieder. „Die Menschen unseres
Volkes glauben", sagt ein Eingeborener, „dass sie ein Lied an seinem
‚Geschmack' oder ‚Geruch' erkennen (...). Womit sie natürlich die
‚Melodie' meinen. Die Wörter können sich ändern, aber die Melodie
lebt fort." (85)

Der verwunderte Reisende fragt: „Heißt das, dass ein junger Mann
auf ‚Buschwanderung' seinen Weg quer durch Australien singen könnte,
vorausgesetzt, er kann die richtige Melodie summen?" Der einheimi-
sche Gewährsmann bejaht das und nennt ein Beispiel: „Um 1900 hatte
es den Fall eines Mannes aus Arnhemland gegeben, der auf der Suche
nach einer Ehefrau quer über den Kontinent gewandert war. Er heiratete an der Südküste und wanderte mit seiner Frau und seinem neuer-
worbenen Schwager zurück nach Hause. Dann heiratete der Schwager
ein Mädchen aus Arnhemland und wanderte mit ihr in den Süden
zurück" (85).

Noch ein weiterer Aspekt ist bemerkenswert: „Jeder Ahne hatte, so
glaubte man, während er seinen Weg durch das Land sang, eine Spur
von ‚Lebenszellen' oder ‚Geisterkindern' an der Linie seiner Fußspuren
hinterlassen (…). Man muss sich eine bereits schwangere Frau bei der
täglichen Nahrungssuche vorstellen. Plötzlich tritt sie auf eine Strophe,
und das ‚Geister-Kind' springt auf – durch ihren Fußnagel bis hinauf
in ihre Vagina oder durch eine offene Schwiele an ihrem Fuß –, arbeitet
sich bis in ihren Bauch vor und schwängert den Fötus mit Gesang.

Die erste Regung des Babys entspricht dem Augenblick der ‚geistigen'
Empfängnis. Dann kennzeichnet die Mutter die Stelle und lässt sich
von den Ältesten die Position interpretieren und bestimmen, welcher
Ahne diesen Weg gegangen ist und welche Strophen in den Besitz des
Kindes übergehen werden. Sie reservieren ihm eine ‚Empfängnisstätte',

die der nächsten Landmarke an der Songline entspricht. Sie kennzeichnen seinen Tschuringa in der Tschuringa-Lagerstätte." (87f.)

Langsam verknüpfen sich die Fäden der Erzählung zu einem dichten Gewebe, das aber immer noch nicht der ungeheuren Kompliziertheit der Vorstellungen der Aborigines entspricht. Die klassische Mythologie nimmt sich daneben wie ein harmloses Märchen aus. Leit- und Angelpunkt sind aber die Lieder, die ihrerseits den Wanderwegen der Ahnen entsprechen. Chatwin schreibt: „Ungeachtet der Wörter scheine die melodische Kontur des Lieds die Natur der Landschaft zu beschreiben, durch die das Lied führe (...). Bestimmte Tonfolgen (...) beschrieben offensichtlich die Bewegungen der Füße des Ahnen. Eine Tonfolge bedeute ‚Salzpfanne‘ eine andere ‚Flussbett‘, ‚Spinifex‘, ‚Sandhügel‘, ‚Mulgabusch‘, ‚Felsoberfläche‘ und so weiter. Ein erfahrener Songman, der sie in ihrer Reihenfolge höre, könne zählen, wie oft sein Held einen Fluss überquert oder einen Bergkamm erklettert habe – und sich ausrechnen, an welcher Stelle, und wie weit auf einer Songline er sich befinde" (150). Er fasst das zusammen in dem Satz: „Musik ist eine Datenbank, die einem hilft, seinen Weg durch die Welt zu finden" (ebd.).

Schließlich wird Chatwin persönlich und teilt eine Theorie mit, die ihm den Wandertrieb der Menschen erklärt: „Meine beiden letzten Notizbücher waren gefüllt mit Aufzeichnungen, die ich in Südafrika gemacht hatte, wo ich aus nächster Nähe bestimmte Zeugnisse über die Entstehung unserer Art untersucht hatte. Was ich dort lernte – zusammen mit dem, was ich heute über die Songlines weiß –, scheint eine Theorie zu untermauern, die mich seit langer Zeit beschäftigt: dass die natürliche Auslese uns – von der Struktur unserer Hirnzellen bis zur Struktur unseres großen Zehs – zu einem Leben periodischer Fußreisen durch brennend heißes Dornen- oder Wüstenland bestimmt habe.

Wenn das der Fall war, wenn die Wüste das ‚Zuhause‘ war, wenn unsere Instinkte in der Wüste geformt wurden, geformt, damit wir die strengen Bedingungen der Wüste überlebten – dann ist es leichter zu verstehen, warum grüne Wiesen uns langweilen, warum Besitz uns ermüdet und warum Pascals imaginärer Mensch seine angenehme Wohnstätte als Gefängnis empfand" (223).

Eines der Bruchstücke aus den Notizen liest sich wie eine Zusammenfassung des ganzen Buches: „Indem er sein ganzes Leben damit verbracht habe, die Songline seines Ahnen zu wandern und zu singen, sei ein Mensch schließlich der Weg, der Ahne und das Lied geworden" (245).

Ein weiteres Bruchstück lautet: „Ein Merkmal der Menschen des ‚Goldenen Zeitalters': sie werden immer als Nomaden erinnert" (277), ein anderes: „Mythen sind Fragmente des Seelenlebens der früheren Menschen" (294). Angesichts von Schädelfunden sagt er: „Wozu ist das Großhirn da? Damit wir unseren Weg durch die Wildnis singen" (359). Chatwin schreibt: „Stellen wir uns vor, wie Urvater Adam (homo sapiens) durch das irdische Paradies wandelt. Er setzt den linken Fuß auf und benennt eine Blume. Er setzt den rechten Fuß auf und benennt einen Stein" (379).

Zuletzt verbindet Chatwin seine Erkenntnisse über das Tschuringa mit denen über die Wanderung und ihr letztes Ziel: den Tod. „Im Australien der Aborigines gibt es besondere Regeln für das ‚Zurückgehen', oder vielmehr dafür, sich dahin zurückzusingen, wohin man gehört: zur ‚Stätte der Empfängnis', zu dem Platz, wo der eigene Tschuringa lagert. Nur dann kann man der Ahne werden – oder von neuem werden" (393).

Den Abschluss seines Buches bildet der Bericht über drei alte Männer. Es ist fast eine Beckett-Szene, aber ohne alles Düstere. Der Ich-Erzähler, also das Alter ego des Autors, wird von seinem Gewährsmann Arkaday und einem Eingeborenen, Limpy, zu den drei Alten geführt, die sie gesucht hatten:

„Limpy humpelte voran. Wir folgten ihm auf Zehenspitzen (…). Ein Rinnsal tröpfelte die Klippe herunter. ‚Dort oben ist die Tschuringa-Stätte', sagte Limpy leise und zeigte auf eine dunkle Spalte hoch über unseren Köpfen.

In einer Lichtung standen drei Spitalbetten mit einem Rost aus Sprungfedern, ohne Matratze, und auf ihnen lagen die drei sterbenden

Männer. Sie hatten keine Bärte und keine Haare mehr. Einer hatte noch die Kraft, den Arm zu heben, ein anderer, etwas zu sagen (...). Ihnen fehlte nichts. Sie wussten, wohin sie gingen. Im Schatten eines Geistergummibaums lächelten sie dem Tod entgegen" (393f.).

Als Chatwin diese Zeilen schrieb, hatte er schon seine Diagnose erhalten: HIV positiv. Er starb am 18. Januar 1989 in Nizza, bis zuletzt gepflegt von seiner Frau.

Wenn es erlaubt ist, nach diesen grandiosen Bildern, noch etwas graue Theorie anzuhängen, von der ich doch nicht ablassen kann, möchte ich noch die Frage nach den Anfängen dieser großartig geschlossenen Lebensform der Australier stellen. Sie selbst würden eine solche Frage nicht stellen, denn für sie wäre sie schon mit dem Hinweis auf die „Traumzeit" beantwortet. Dazu Hans Peter Duerr: „Traumzeit bedeutet jene Perspektive der Wahrnehmung, in welcher ein Ereignis ist, was es ist, ohne Beachtung des Zeitpunktes, an dem es sich befinden mag" (H. P. Duerr, Traumzeit, Ffm 1985, S. 391).

Anders gesagt: mit „Traumzeit" ist gar keine Zeit gemeint. Der Ausdruck ist irreführend. Es handelt sich um das Erleben des Menschen vor der Entdeckung der Zeit. Deshalb ist die Traumzeit auch keine idealisierte, „paradiesische", Vorzeit, deren beispielgebende Taten – die Wanderungen der Ahnen – nachzuspielen sind, sondern sie dauert im Bewusstsein der Aborigines noch an. Sie haben sie nie verlassen. Sie leben im nunc stans, also in dem, was christliche Theologen „Ewigkeit" nennen.

Wie ist das möglich, und wie ist es zu verstehen? Kant nennt Raum und Zeit die Formen der Anschauung, ohne die wir den Gegenstand der Erkenntnis nicht konstituieren. Er zeichnet ein statisches Bild, das suggeriert, Raum und Zeit waren immer in gleicher Weise für den Menschen offenbar gewesen. Das scheint aber nicht der Fall zu sein. Wenn wir seine zeitüberhobene Perspektive aufgeben zugunsten einer geschichtlichen Betrachtungsweise, müssen wir zugeben, dass Raum und Zeit sich dem Menschen nacheinander erschlossen. Die australischen Ureinwohner sind das noch lebendige Beispiel für eine

Menschengruppe, die zwar ein höchst lebendiges und sogar das unsere an Differenziertheit übertreffendes Bewusstsein vom Raum haben, denen sich das Mysterium der Zeit aber nicht offenbart hat. Sie leben darum – ganz wörtlich – in der Vor-Zeit.

Wie ist nun ihre komplizierte Mythologie entstanden, und, wann ist sie entstanden? Die Frage nach dem Anfang ist leichter zu beantworten: Sie wird nach der Einwanderung der Menschen nach Australien entstanden sein – nach heutiger Kenntnis also vor rund 45 Tausend Jahren. Warum oder wodurch ist sie entstanden? Hier kann ein Hinweis von Schelling aus seinen späten Vorlesungen über die Philosophie der Mythologie weiterhelfen: er sagt, „dass die Mythologie sich nicht ohne eine reelle Verrückung des Menschen von seinem ursprünglichen Standpunkte erklären lasse" (Einleitung in die Philosophie der Mythologie, Bd. 1, Darmstadt 1957, S. 205).

Aus dem Vorangegangenen ergibt sich, dass Schelling hier an den Sündenfall und die Vertreibung aus dem Paradies denkt. Seine Einsicht ist aber verallgemeinerungsfähig und auf die Ur-Australier übertragbar, von denen er selbst noch keine Kenntnis hatte.

Geht man dem Hinweis nach, dann ergibt sich: Die Uraustralier sind über das Meer aus Neuguinea oder der nördlich von Australien gelegenen Inselwelt in der Frühzeit eingewandert. Sie kamen aber offenbar nicht in einer Einwanderungswelle als geschlossener Stamm, sondern in kleinen Gruppen, und sicher verteilt über Jahrhunderte, wenn nicht Jahrtausende.

Wenn man sich ihre Überfahrt anschaulich vorstellen will, kann man sich im Museum in Dahlem die großen seetüchtigen Boote der Polynesier ansehen. Sie haben oft einen zweiten Schiffsrumpf, zumindest jedoch einen Ausleger. Zwischen dem Bootskörper und dem Ausleger befindet sich eine hölzerne Plattform, die bis zu vierzig Personen Platz bietet. So groß können also die einzelnen Gruppen oder Sippenverbände gewesen sein, die unabhängig voneinander die Überfahrt unternommen haben und sich dann in der Weite des Kontinents zerstreuten. Sie waren dazu gezwungen, weil auch der Nordrand des Kontinents für eine Besiedlung durch größere Gruppen nicht geeignet war; und außerdem brachten sie nicht die Gewohnheit der Sesshaftigkeit mit.

Nun wanderten sie in kleinen Gruppen über den Kontinent, auf dem ihnen alles neu und völlig ungewohnt war: Nichts in Flora und Fauna glich den Verhältnissen, aus denen sie kamen. Jede Erinnerung daran konnte ihnen also keine Hilfe beim Überlebenskampf in einer gänzlich neuen Umgebung sein. Die Folge wird sein, dass sie alles mitgebrachte Wissen über Nahrung, Pflanzen, Tiere usw. innerhalb kürzester Zeit vergaßen und sich völlig neu orientierten: Was ist essbar, was ist zu meiden, wo gibt es Wasser.

Von allem war wenig genug vorhanden, und so war die Kenntnis davon höchstes Wissensgut. Um es im Gedächtnis zu behalten, wurde es in langen Strophenreihen memoriert und in dieser Gestalt weitergegeben. Das erklärt auch, warum es so viele Sprachen gibt: rund 200 in ganz Australien: Jede der kleinen Gruppen musste eben von allen anderen getrennt die neue Welt benennen. Darum ähneln sich die Sprachen wohl in der Struktur; aber weil sie sich als agglutinierende den feinsten Unterschieden der Wirklichkeit anschmiegten, drifteten sie immer mehr auseinander. Nur weil sie die allen gemeinsame Gewohnheit des Singens und Memorierens hatten, bleiben Reste einer Verständigungsmöglichkeit erhalten, eben über die Melodie der Lieder, die in ihrer musikalischen Formgebung ihrerseits die Landschaft mit ihren rettenden Wasserstellen abbilden.

Das ist ein zugegebenermaßen stark vereinfachter und rationalistischer Erklärungsversuch. Er erklärt immerhin das Überleben der Gruppen durch ihr Wandern und ihren Fortbestand durch die Orientierung in der Landschaft, und die wurde durch die Lieder geleistet, deren Inhalt die Verbindung zu den einzelnen lebensspendenden Wasserstellen ist.

Andere Völker verehren einen einzelnen Heros als Begründer ihrer Kultur. Die Aborigines leben aus und in der Verehrung ihrer Ahnen, die für sie die lebensspendenden Tiere, Früchte und Orte des Landes erkundet, und das heißt zugleich: geschaffen haben. Das Wandern auf

den altehrwürdigen Linien in den Fußspuren der Ahnen erinnert nicht
nur deren Taten, die irgendwann in der Vorzeit geschehen sind – in illo
tempore –, sondern durch Geistgeburt, Klanszugehörigkeit und Initiation bleiben sie auf Dauer mit ihnen identifiziert. Sie wandern und
singen ihr Leben, und ihr Gesangsbuch ist die mütterliche Erde selbst.
Leben und Tod, Wanderung und Gesang, Nahrungssuche und Tausch,
Recht und Beachtung der Tabus – das alles bildet einen einzigartigen
Gottesdient am Heiligen, aus dessen Bereich sie nie herausgefallen sind.
Sie bedürfen deshalb auch keiner wie immer gearteten „Erlösung". Die
Missionare aller Schattierungen sollten sich auf Zehenspitzen schwei-
gend und ehrfürchtig zurückziehen. Hier bedarf man ihrer nicht.

Noch weniger bedarf es dort der technischen Veränderung der Erde.
Sie ist nicht nur überflüssig, sie ist das Böse schlechthin.

Desana
Das mythische Weltbild eines südamerikanischen Indianerstammes vom oberen Vaupés

Was macht das besondere der Mythologie der Desana aus, dass ich einen Abend lang Ihre Aufmerksamkeit dafür in Anspruch nehmen möchte? Dieser kleine Stamm von vielleicht 1.000 Individuen gehört mit einigen anderen verwandten Gruppen, die aber auch nicht viel zahlreicher sind, zu dem Volk der Tukan-Indianer, die in dem sehr dünn besiedelten Gebiet zwischen Kolumbien und Brasilien leben. Ihr Habitat ist der tropische Regenwald, aus dem sie mit äußerster Rücksichtnahme und strenger Disziplin alles Lebensnotwendige gewinnen. Dabei stehen diese Indianer auf einer sehr frühen Kulturstufe, die aber nur ein Unwissender als primitiv bezeichnen könnte. Sie verfügen vielmehr über ein geschlossenes und in allen Lebensfragen sehr differenziertes Weltbild, in dem alle ethischen Fragen auf eine durchaus nachvollziehbare Weise geregelt sind. Sie konnten sich seit unvordenklichen Zeiten an ihren Lebensraum anpassen und lebten bis vor kurzer Zeit relativ ungestört darin.

Erste Nachrichten über ihre Lebensweise, ja ihre bloße Existenz gehen nicht weiter zurück als bis zur Jahrhundertwende, und auch seither wurde dieses schwer zugängliche Gebiet nur von wenigen Forschungsreisenden berührt, darunter von dem deutschen Ethnologen Theodor Koch-Grünberg, (1878 – 1922), der von 1903 bis 1905 unter den Indianern des oberen Orinoko gelebt und darüber ein ausführliches Werk verfasst hat; später war er längere Zeit Direktor des Stuttgarter Linden-Museums, er starb dann aber in Brasilien.

Seit 1914 gibt es eine katholische Mission in dieser Gegend, und seit 1945 missionieren dort auch nordamerikanische protestantische

Gruppen. Das hat dazu geführt, dass inzwischen ein Drittel der dort lebenden Indianer nominell Protestanten sind. So stehen diese Stämme unter dem doppelten Druck der Anpassung an die Zivilisation, was ihre materielle Kultur und die Anempfindung an das christliche Weltbild und was ihre geistige Orientierung angeht.

Unter diesen Umständen bedeutet es einen seltenen Glücksfall, dass der kolumbianische Ethnologe Gerardo Reichel-Dolmatoff, der an der privaten Universidad de los Andes in Bogotá arbeitet, in seiner eigenen Hochschule einen Informanten gefunden hat, der in der indianischen Kultur noch genügend verwurzelt war, aber zugleich schon den Anschluss an die Zivilisation gefunden hatte. Es handelt sich dabei um den zu Beginn der Arbeit mit dem etwa dreißigjährigen Antonio Guzmán, der aus seinem Stamm über eine Missionsschule und ein Priesterseminar in ein technisches Studium in der Hauptstadt gelangt ist, und das an einer sehr renommierten Universität. Als der Autor mit Guzmán in Kontakt kam, arbeitete er in einem linguistischen Programm an der Erforschung von indianischen Dialekten seiner Heimat mit, von denen er mehrere beherrscht. Zugleich verfügte er über einen hohen Grad an sprachlicher Differenzierung im Spanischen und über ein geschultes Abstraktionsvermögen, insbesondere für theologische und mythologische Fragen. So war er für Reichel-Dolmatoff nicht nur irgendein Eingeborener, den er befragen konnte, sondern er entwickelte sich zu einem durchaus eigenständigen wissenschaftlichen Mitarbeiter.

In seiner Einleitung bemüht sich Reichel-Dolmatoff, etwaige Zweifel an seinem Vorgehen zu entkräften, wie man auf die Auskünfte eines einzigen Informanten eine solche umfangreiche wissenschaftliche Arbeit über die materielle und geistige Kultur eines sonst weithin unbekannten Volkes stützen könne. Er verweist dazu auf die besonderen Qualitäten seines Mitarbeiters, und außerdem habe er bei einem späteren Aufenthalt in der Gegend die Angaben überprüfen können und für richtig befunden. Er weist auch darauf hin, dass er hier wissenschaftliches Neuland erschlossen habe: bisher habe es noch über keinen

Indianerstamm eine derart in die Tiefe gehende Monographie gegeben, und wie sonst wollte man sie erarbeiten? Für eine Expedition mit längerem Aufenthalt in dieser schwer zugänglichen Region fehle es an allem: an Geld, an Zeit und an hinreichend geschultem Personal. So müsse man sich mit dem begnügen, was man habe, und das seien eben solche Indios, die in den Städten lebten, aber noch genügend Kontakt mit ihrer Herkunft gehalten haben und hinreichend Spanisch sprechen. Man könnte sein Vorgehen mit den heute vielfach praktizierten Notgrabungen der Archäologen vergleichen: wenn bereits die Bagger anrücken, bleibt keine Zeit für Methodenpurismus. So kommt es darauf an, die letzten noch vorhandenen Reste der indianischen Kultur aufzunehmen und für das Gedächtnis der Menschheit zu archivieren, bevor der technische Fortschritt auch hier alles eingeebnet hat. Man kann sich diesen Argumenten kaum verschließen, und außerdem rechtfertigt das Ergebnis sein Vorgehen. Schließlich hat auch die fachliche Kritik ihm recht gegeben, und Claude Lévi-Strauss hat sein Buch begeistert aufgenommen, und auf seine Autorität darf man sich wohl verlassen.

Versuchen wir, uns diesem so fernen Indianerstamm wenigstens in Gedanken anzunähern. Der Stamm der Desana lebt, wie eingangs erwähnt, am oberen Vaupés im Osten Kolumbiens. Der Rio Vaupés ist ein rechter Nebenfluss des Rio Negro, der seinerseits bei Manaos in den Amazonas fließt. Auch der Vaupés ist ein durchaus ansehnlicher Fluss und kein kleines Rinnsal. Er mißt ungefähr 800 Kilometer in der Länge; man könnte ihn damit an Umfang mit der Elbe vergleichen, nur stehen der Schiffbarkeit zahlreiche Stromschnellen und Wasserfälle entgegen. Zieht man in Betracht, dass im ganzen Einzugsgebiet des Amazonas das Kanu das einzige Verkehrsmittel ist, so wird die isolierte Lage dieser Stammesgruppen verständlich. Tatsächlich verlassen diese Indianer den näheren Umkreis ihrer Hütten nur zur Jagd und zu den ritualisierten Besuchen bei benachbarten Gruppen, mit denen sie im friedlichen Austausch leben. Krieg scheint unbekannt zu sein.

Der Stamm der Desana teilt sich in dreiunddreißig Großfamilien oder Sippen von jeweils etwa dreißig Personen, die in einer Hütte

zusammenwohnen. Zwischen den einzelnen malocas oder Großhäusern besteht ein gehöriger Abstand, was das friedliche Beisammenleben
weiter erleichtert. Eine übergeordnete politische Struktur gibt es nicht
und auch keine Häuptlinge. In jeder Sippe geben die älteren Männer
den Ton an; und ein alter Mann ist man in dieser Gegend mit 40. Was
die Lebensweise angeht, so bezeichnen sich die Desana emphatisch als
Jäger. Allein die Jagd ist ihnen die für einen Mann angemessene und
würdige Betätigung. Schon der Fischfang genießt weniger ansehen und
erst recht der Anbau von Nutzpflanzen auf den kleinen, etwa einen
Hektar großen Feldern, deren Bewirtschaftung man gerne den Frauen
überlässt. Lediglich an der Rodung des Unterholzes beteiligen sich die
Männer. Ihr Stolz und ihre Lebensform ist die Jagd, obwohl sie damit
nur zu einem Viertel an der Nahrungsbeschaffung beitragen können.
Alles Übrige kommt aus dem Fischfang, dem Gartenbau und dem
Sammeln von Nahrung in den Wäldern. Die auch hierzulande beliebte
Avocado ist dort eine Wildfrucht.

Zeigt sich die zumindest gedanklich aufrechterhaltene Dominanz
des Männlichen schon in der Hochschätzung der Jagd, so hat sie ihre
Verankerung bereits in der Mythologie, der ich mich jetzt zuwenden
möchte. Dabei kann es sich nur um Grundlinien und Andeutungen
handeln, denn das gesamte mythologische System, das zugleich die
Ethik und den Ritus bestimmt, ist derart verwickelt, dass es an Differenziertheit wohl kaum dem Hinduismus nachsteht.

Gerardo Reichel-Dolmatoff beginnt sein Werk, auf dem meine
Zusammenfassung beruht, „Desana. Simbolismo de los Indios Tukano
del Vaupés", Bogotá 1968, mit einem Bericht über den Schöpfungsmythos dieses Volkes. Dieser Mythos wird als so fundamental angesehen, dass er bei den rituellen Zusammenkünften der Sippen jeweils
zu Anfang von den älteren Männern, den Trägern und Übermittlern
der Tradition, gemeinsam rezitiert wird. Man könnte diesen Mythos
mit dem babylonischen Enuma elisch (die babylonische Schöpfungsgeschichte Enuma elisch, ‚Als droben', schildert die Auseinandersetzung
mit der übermächtigen Tiamat. Diese lebensspendende und verschlin-

gende Muttergestalt hat noch in der Genesis eine Spur in der tehom hinterlassen, was freilich in der Übersetzung nicht mehr zur erkennen ist. Der Text des babylonischen Epos' findet sich in dem Sammelband „Die Religion der Babylonier und Assyrier", übertragen von Arthur Ungnad, Jena 1921, S. 27-54) vergleichen, was seine Bedeutung und rituelle Verwendung angeht. Hier also der zusammengefasste Bericht:

„Am Anfang von allem standen der Sonnengott und der Mond. Sie waren Zwillingsbrüder. Zuerst lebten sie allein, aber dann hatte der Sonnengott eine Tochter und lebte mit ihr wie mit seiner Frau. Der Bruder Mond hatte keine Frau und trachtete danach, die Frau des Sonnengottes für sich zu gewinnen. Das bemerkte der Sonnengott, und bei einem Fest im Himmel in seinem Hause beraubte er als Strafe den Mond seiner Federkrone. Anfangs hatte er nämlich einen Strahlenkranz wie die Sonne, nun aber hat er ihn nicht mehr. Sonne und Mond trennten sich daraufhin, und nun erscheinen sie immer getrennt am Himmel."

Der Sonnengott schuf das Universum durch die Kraft seines gelben Lichtes, und er verlieh ihm Leben und Beständigkeit. Von seinem Aufenthaltsort im Himmel schuf der Sonnengott die Erde mit ihren Wäldern und Flüssen, Tieren und Pflanzen. Er bedachte alles sehr sorgfältig und die Schöpfung gelang ihm zu seiner Zufriedenheit.

Die Welt in der wir Leben ist eine große runde Scheibe, und im Gegensatz zur gelben Farbe der Sonne, wird alles irdische Leben von der roten Farbe bestimmt, der Farbe des Blutes und der Fruchtbarkeit.

Unterhalb unserer Welt befindet sich eine Unterwelt, genannt Apxikon dia. Ihre Farbe ist grün, und diese Unterwelt stellt das Paradies dar.

Oberhalb unserer Erde schuf der Sonnengott die Milchstraße. Sie bietet den Anblick eines Gespinstes dar, und sie ist zugleich ein schaumiger Strom, der aus der Unterwelt im Osten hervorkommt und sich nach Westen hin über den Himmel erstreckt. Dieses Gewebe ist zugleich der Ort der großen Winde, und sie gibt den Blick frei auf das Blau des Himmels. Die Milchstraße ist damit ein mittlerer Ort zwischen Himmel und Erde, und es halten sich dort auch Geister auf, die gute und weniger gute Einflusse ausüben.

Als der Sonnengott die Erde geschaffen hatte, gab es noch keine Menschen. Um die Erde mit Menschen zu bevölkern, schuf der Gott nun einen Mittler namens Pamurí-maxsë. Dieser war ein Mensch, und er lebte zuerst in der Unterwelt, also im Paradies. Er bestieg dort ein Kanu, das jedoch lebendig war, denn es war eine gelb-schwarz gestreifte Schlange. In ihrem Leib befand sich je ein Vertreter eines jeden Stammes.

Die Reise war sehr lang und sie ging zu den Quellen der Flüsse. Es gab damals noch keine Nacht, und sie reisten im gelben Licht der Sonne. Der Gott gab jedem der Menschen einen Gegenstand mit, auf den er sorgfältig achten sollte. Einer hatte einen zugebundenen schwarzen Beutel bekommen, und mit der Länge der Zeit wurde er neugierig und öffnete den Beutel. Sogleich flogen Mengen von schwarzen Ameisen heraus, die das Licht verdunkelten.

Da gab Pamuri-maxsë einem jeden Menschen ein Glühwürmchen, damit er etwas Licht hatte. Aber das Licht war sehr spärlich. Da wollten die Menschen die Ameisen wieder in den Beutel zurückbringen, aber sie kannten noch nicht die Beschwörungen. Da trieb der Sonnengott selbst die Ameisen mit einer kleinen Rute in den Beutel zurück. Nun war es zwar wieder hell, aber seitdem gibt es auch die Nacht, und Helligkeit und Dunkel teilen sich den Tag.

Bei den Quellen des Vaupés stiegen die Menschen, die von der langen Reise müde waren, an Land, und Pamurí-maxsë gab jedem von ihnen ein Werkzeug mit: dem ersten Desana Pfeil und Bogen, dem Tukano den Spieß zum Fischen, Pira-tapuyab und einigen anderen die Angelrute, den Kuripako die Reibe für die Yuka, dem Maku das Blasrohr und einen Korb und dem Cubeo eine Maske aus Rindenstoff. Jedem gab er außerdem einen Schurz, dem Desana aber nur eine Schnur. Darauf wies er allen ihre Wohnplätze an, dann bestieg Pamuri-maxsë wieder das Kanu und fuhr zurück in die (paradiesische) Unterwelt.

Der Sonnengott schuf dann eine Reihe von Mittlergestalten zwischen dem Himmel und den Flüssen, damit sie von dort aus Acht haben sollten auf die Menschen. Darunter war auch Vixó-maxsë, die Personifikation des vixo, also des narkotischen Pulvers, das als Verbindungsglied zwischen den Welten wirkt, indem es Halluzinationen hervorruft. Dieses selbe Pulver gehörte zuvor dem Sonnengott, der es in seinem Nabel verwahrt hatte, von woher es seine Tochter bekam, als sie ihn im Nabel kratzte.

Darauf schuf der Sonnengott auch noch die Nyamikëri-maxsa, das sind die Nachtwesen, die allerlei Hexereien und Zauber bewirken, denn er schuf nicht nur das Gute, sondern auch das Böse als Strafe für die Menschen, wenn sie von den Traditionen abweichen sollten.

Nun kommt es zu einem sehr befremdlichen Abschnitt der Schöpfungserzählung: „Die Tochter des Sonnengottes war noch nicht in die Pubertät gekommen, als ihr Vater sich in sie verliebte und mit ihr Blutschande trieb. Dabei vergoß er ihr Blut, und seit der Zeit vergießen auch die übrigen Frauen Blut einmal im Monat. Der Sonnengott verkehrte weiter mit ihr, und sie fand daran Gefallen. Weil sie nichts anderes mehr denken konnte, wurde sie bleich, dünn und unansehnlich; so ergeht es auch den frisch verheirateten Frauen.

Als sie zum zweiten Mal die Menstruation hatte, litt sie daran so sehr, dass sie starb. Als der Sonnengott das sah, schuf er jene Beschwörung, die die jungen Mädchen rezitieren, wenn sie in die Pubertät kommen. Er rauchte dann Tabak und brachte seine Tochter ins Leben zurück. So schuf der Sonnengott die Bräuche und Regeln, die bei der ersten Menstruation zu beachten sind.

Der Sonnengott schuf dann die erste maloca, also das erste große Haus für eine Sippe, und die erwähnten Mittlergestalten lehrten den ersten Desana, wie er sein Leben einzurichten hatte. Auch nisteten sich allerlei Krankheiten in den Rissen und Spalten der Pfosten und Balken ein. Das alles geschah, weil die Menschen noch nicht die Beschwörungen kannten.

Bis zu dieser Zeit gab es nur Männer, nur die Tiere des Waldes und die Fische hatten schon ihre Weibchen. Eines Nachts feierten die Menschen ein Fest und tanzten am Flussufer. Das lockte die Tochter der Forelle an, und sie verliebte sich in den ersten der Desana. Der nahm sie mit zur Hütte, bot ihr Honig an, und ihr gefiel dieser. So blieb sie an Land, und aus der Ehe der Tochter der Forelle mit dem ersten Desana entsprossen viele Söhne und Töchter, und so entstand der Stamm der Desana.

Verschiedene Tiere sahen dem ersten Beilager zu, darunter die Schildkröte. Seither hat sie die Farbe der Vagina. Die Pfauenhenne betrachtete das Glied des Mannes, und seitdem hat sie einen roten Hals.

Während ihrer Schwangerschaft aß die Tochter der Forelle einmal einen flachen Fisch (eine Flunder? eine Muräne?) und warf die Reste einfach in den Fluss. Daraus wurden dann viele von diesen Fischen, und infolge der Trägheit der Frau sind sie selber so langsam, dass sie sich mit der Hand fangen lassen.

Als sie ihr Kind zur Welt brachte, sahen wieder viele Tiere zu. Der Tausendfüßler ähnelt seitdem der Nabelschnur und eine große Spinne der Vagina. Weil der Skorpion und eine große Ameise von ihrem Blut leckten, verursacht der Stich des Skorpions seitdem Schmerzen wie bei der Geburt, ebenso der dieser Ameisen.

Der Rochen ist ihre Plazenta, und auch der Stachel des Rochens verursacht Schmerzen wie beim Geburtsakt.

All das geschah, weil die Anrufungen noch unbekannt waren, die gesprochen werden müssen, wenn eine Frau ein Kind zur Welt bringt.

Als die Tochter der Forelle ihr Kind geboren hatte, badete sie es im Fluss. Sogleich schwammen viele Forellen heran, erkannten es als zur Familie gehörig und rieben sich an ihm. Da nahm der Mann Pfeil und Bogen und tötete die Forellen. Die Tochter der Forelle wusste nichts davon, denn sie war im Garten. Als sie aber die vielen toten Forellen sah, und alle ihre Verwandten erkannte, weinte sie und stürzte sich wieder in den Fluss in ihr großes Haus unter dem Wasser.

So entstanden die Menschen und wuchs der Stamm.

Die Tochter der Forelle hatte den ersten Garten angelegt. Sie brachte die yuca, d.h. den Maniok, der in dem Garten der Forellen unter Wasser wuchs, in den Garten für die Menschen, pflanzte sie dort ein und lehrte ihren Gebrauch und erfand das geflochtene Rohr zum Auspressen des Saftes der yuca.

Als all das geschaffen war, war die Welt noch voller gefährlicher Tiere und böser Geister. Besonders die letzteren umschlichen immer die Hütten und fielen über die Frauen her, wenn sie ihre Blutungen hatten. Dann gab es auch noch die kusiro. Das war eine Art großer Bremsen, die die Menschen stachen. Da erbarmte sich der Sonnengott, ließ eine große Flut kommen, die die wilden Tiere ersäufte, und gegen die Bremsen blies er den Rauch des Tabaks, so dass auch sie getötet waren. Nun konnte man sie essen, und sie schmeckten wie Honig.

Der Sonnengott sandte ferner seine Tochter auf die Erde, damit sie den Menschen das rechte und angenehme Leben beibringen sollte. So brachte sie ihnen den Gebrauch von Kochtöpfen und Körben bei; weil aber der Gott seine Tochter liebte und entsprechend eifersüchtig war, brachte er die Menschen dazu, sich mit einem Schurz zu bekleiden, und er lehrte sie, sich zu schämen.

Die Tochter des Sonnengottes lehrte auch den Gebrauch des Feuers und zeigte den Menschen, wie sie es mit zwei Hölzern erbohren könnten. Sie brachte auch das Steinbeil, aber sie gab es nur solchen Männern, die sich in der Frühe im Fluss wuschen und mit Brechmitteln den Leib purgierten. Als sie einmal im Kochen unterwies, kam Vixó-maxë, um die Schöpfung kennenzulernen. Er störte sie offenbar, sodass die Speise im Topf überkochte. Da wurde sie wütend und wollte das Feuer mit ihrem Harn löschen. Dabei brannten ihre Schamhaare an, und der brenzlige Geruch verbreitete sich überall. Da musste der zügellose Vixó-maxë an die Vagina der Tochter des Sonnengottes denken.

Der erste Tote war ein Sohn der Tochter des Sonnengottes. Sie hatte zwei Söhne, und beide sollten als Lehrlinge auf das Amt des payé, d.h. des Schamanen, vorbereitet werden. Der eine war mit Ernst bei der Sache, aber der andere musste immer an Frauen denken. So trocknete er ein, bis er beinahe tot war. Die Tochter des Gottes wollte ihn mit Beschwörungen retten, aber er starb. Nun lehrte sie, wie und an welchen Orten die Menschen die Toten begraben sollten.

Als sie alles dieses gelehrt hatte, zog sich die Tochter des Sonnengottes wieder in das unterirdische Paradies zurück, und die Alten eines jeden Stammes lehrten alles das, was sie gesagt hatte. So wurden die Traditionen begründet.

Auch um das beliebte Getränk chicha rankt sich eine Erzählung. Der es zuerst bereitete, war Pamuri-maxsë. Das war in Wainabi, wo die erste maloca stand. Oberhalb von Wainabi gibt es einen großen Felsen, und dort kann man, eingegraben in den Stein, sehen, was dort einstmals geschah. Es gibt dort einen großen Hohlraum, wie um darin die chicha zu bereiten. Es muss dort ein großes Fest gegeben haben, bei dem sich Männer und Frauen mit dem berauschenden Getränk vergnügten. Es blieb nicht dabei. Schließlich suchten sie auch noch andere Weisen des Vergnügens, und im Boden sieht man noch die Eindrücke, die die Hinterbacken der Frauen dort hinterlassen haben.

Der Sonnengott selbst war der erste Schamane, und er legte fest, was ein solcher zu tun habe, lehrte die Bereitung des Tabaks und den Gebrauch der halluzinogenen Pflanzen. Der Gott hatte eine Sitzbank, einen Schild und einen Klangstab – wohl eine Art Rassel, und auf der linken Schulter trug er seine Hacke. All das haben die Schamanen bis heute in Gebrauch und es war der Gott selbst, der es sie gelehrt hat. Ebenso stiftete er die Feste mit ihren rituellen Begegnungen und Tänzen. Auch erfand er das Pfeilgift curare. Als ein Mensch sich in seine Tochter verliebte, schoss er einen Pfeil mit dem Blasrohr ab und tötete den Menschen.

Der Schöpfungsmythos endet mit einer kurzen Zusammenfassung: „So wurde diese Welt geschaffen. Es waren der Sonnengott, die Tochter des Gottes und die Tochter der Forelle, die alle Dinge geschaffen und die Menschen gelehrt haben, wie sie gut leben könnten. Da waren noch die Gestalten des Tages und der Nacht, aber über allem steht die Sonne, die gelbe Macht des Vaters Sonne, der seine Schöpfung hütet und sie in sein gelbes Licht einhüllt." (25)

Es handelt sich also um einen patriarchalischen Mythos. Es ist aber hervorzuheben, dass der Gott auch das weniger Gute erschaffen hat, und dass er das unerhörte Verbrechen des lnzests begangen hat. Aus der anfänglichen Zweiheit von Sonne und Mond folgt nicht ein Dualismus eines guten und eines bösen Prinzips, vielmehr wird der Bruder Mond schon früh entmachtet, und alles weitere Geschehen geht eindeutig auf das männlich-fruchtbare Prinzip des Sonnengottes zurück. Er erschafft sich eine Tochter ohne Eingreifen eines weiblichen Prinzips, denn seine Tochter entspringt – wie Pallas Athene aus dem Haupte des Zeus – allein aus ihm selber. Er muss also in der Fülle seiner göttlichen Fruchtbarkeit auch das Weibliche in sich enthalten haben. Es ehrt den Mut der Theologen der Desana, dass sie auch in der Frage des Übels in der Welt beherzt alles ihrem obersten Gott zuschreiben und nicht die faule Ausrede von einem Teufel gebrauchen.

Allerdings gibt es, bei Lichte besehen, in dem ganzen Universum der Desana keine eigentlich böse Kraft; auch die Sexualität ist nichts Böses. Allerdings ist sie, wie alles Gefährliche, von zahlreichen schützenden Tabus umgeben. Das kann auch gar nicht anders sein bei der außerordentlichen Nähe und Intimität, mit der diese Menschen zusammenleben. Ein Zeichen dessen sind die zahlreichen Vorschriften, die das Gemeinschaftshaus betreffen: Eine mittlere Linie und zwei Pfeiler in der Mitte teilen das Innere der langgestreckten Hütte in vier Sektoren. Wie es in der Kindermesse früher die Seite der Jungen und die der Mädchen gab, so ist die – vom Eingang aus – vordere linke Hälfte den jungen Männern vorbehalten und die rechte den älteren Männern.

Entsprechend haben – hinter den Pfeilern und den beiden Feuerstellen – hinten links die jüngeren weiblichen Angehörigen und hinten rechts die älteren Frauen ihren Platz. Die ganze Hütte ist auch eher ein Tempel als ein großes gemeinschaftliches Schlafzimmer, und der eheliche Verkehr findet im Freien statt auf dem Weg zum Garten oder in dessen Nähe. Die jungen Mädchen gelten auch sofort nach ihrer ersten Menstruation als heiratsfähig, und weil sie dann als Verheiratete in die Hausgemeinschaft ihres Mannes eintreten, ist man einen unruhestiftenden Faktor auf elegante Weise losgeworden. Eine eigentliche Zeremonie der Eheschließung besteht übrigens nicht. Bei den strengen

Exogamieregeln ist man darauf angewiesen, eine Ehefrau in einer entfernten Sippe zu suchen. Es wird eine Einladung arrangiert, und die Eltern des Mädchens erhalten ein Geschenk, das aber keinen Brautkauf bedeutet, sondern nur eine Aufmerksamkeit. Dann veranstaltet der junge Mann mit seinen Kameraden eine gespielte rituelle Entführung der Braut und bringt sie in seine Hütte. Damit auch wirklich alle möglichen Konflikte ausgeräumt sind, haben auch hier die Eltern sich verständigt.

In Kürze noch einige Angaben zu den Phasen und Festen des Lebenszyklus. Da ist zuerst das erste Nägelschneiden mit etwa drei Monaten zu erwähnen, das eine Verwandte der Mutter vornimmt.

Dann erfolgt mit drei Jahren die Namensgebung, und mit acht oder neun Jahren beginnt bei den Jungen die Vorbereitung auf die Initiation. Hier ist nun sehr bemerkenswert, dass im Gegensatz zu den Praktiken in anderen Weltgegenden, bei denen die Initianden schmerzhaften Prüfungen und allerlei Quälereien ausgesetzt sind, bei den Desana nichts dergleichen stattfindet. Vielmehr gleicht diese Vorbereitungsphase eher einem Noviziat. Sie besteht größtenteils aus Unterweisungen und Reinigungsriten. So müssen die Jungen in aller Frühe ein reinigendes Bad im Flusse nehmen, wobei sie mit den Händen auf die Wasseroberfläche schlagen. Auch spielen sie auf der Flöte, welches Instrument traditionell erotische Assoziationen weckt.

Schließlich werden sie mit etwa sechzehn Jahren bei einem Fest der ganzen Sippe zur eigentlichen Initiation aufgerufen, die aber mehr einer mündlichen Prüfung ähnelt, und dann werden sie als Erwachsene freigesprochen. Sie dürfen nun selbständig die Hütte verlassen, auf Jagd gehen und sich an den Versammlungen der befreundeten Sippen beteiligen, also ganz klar auf die Suche nach einer Partnerin gehen. Damit sind sie vollwertige Mitglieder des Stammes.

Es wurde schon erwähnt, dass die Desana keine Häuptlinge besitzen. Damit kann also getrost behauptet werden, alle Stammesmitglieder sind gleich. Aber einige sind doch hervorgehoben durch ihre Funktion, die in der Vermittlung zwischen den Menschen und den großen überpersönlichen Mächten besteht. Bemerkenswert ist, dass die Tukan-Indianer dafür zwei getrennte Ämter entwickelt haben, die sich aber keine Konkurrenz zu machen scheinen, sondern sich in idealer Weise ergänzen.

Da ist zunächst das Amt des payé oder Schamanen, von dem bereits gesagt wurde, dass der Sonnengott selbst der erste payé war, mithin geht die Gründung dieses Standes auf den Gott selbst zurück. Der payé tut nun, was die Schamanen in aller Welt tun: er kuriert Krankheiten. Über diese Praktiken will ich mich hier nicht verbreiten. Nur soviel sei noch gesagt über die Art und Weise, wie man payé wird: ein dafür begabter junger Mann wird zu einem Schamanen bei einem befreundeten Stamm in die Lehre geschickt, und seine Lehrzeit dauert ein halbes Jahr. Dann kann er kurieren; eine große Zahl von Beschwerden wird allerdings mit bewährten Hausmitteln kuriert, und man muss nicht in jedem Falle den Schamanen bemühen. Ein paar gekaute Tabakblätter auf einen Einstich, eine Schwellung oder eine Wunde gelegt, beheben schon manches Übel.

Das zweite Amt, das zwischen den Menschen und den großen überpersönlichen Wirklichkeiten vermitteln soll, ist das des kumi, den man am besten mit dem Priester gleichsetzt. Er ist durch verschiedene Besonderheiten seiner Lebensform herausgehoben; so ist sein Amt innerhalb einer bestimmten Sippe erblich – man denke an den Stamm Levi – und seine Lehrzeit dauert ganze drei Jahre. Außerdem wohnt er nicht in einer der großen Gemeinschaftshütten, sondern lebt mit seiner eigenen Familie abgesondert in einem eigenen Haus.

Von seinen priesterlichen Funktionen seien drei hervorgehoben: Bei den kultischen Feiern stellt er mehrere kleine Holzfiguren des obersten Gottes, der Tochter des Sonnengottes und der Tochter der Forelle, auf einer Art Altar auf und umschreitet diesen Altar in einer rituellen Weise, wobei er mit seinem Amtsstab sich selbst den Takt angibt. Man kann diese circumambulatio auch als streng geregelten Tanz auffassen.

Sodann wirkt er als eine oberste Autorität in allen Fragen des Brauches und der Sitte. Als ein Ratgeber in diesen Fragen wird er konsultiert, er kann aber auch von sich aus ein Mitglied des Stammes zu sich zitieren, das sich in irgendeiner Weise gegen das Herkommen vergangen hat. Niemand würde sich einem solchen Ruf entziehen; und nun kann der kumi als Beichtvater und väterlicher Mahner wirken. Er verhängt keine Strafen, sondern er bewirkt kraft seiner moralischen Autorität allein die Umkehr. Es spricht für die moralische Reife eines Volkes, eine solche Institution zu schaffen, die über keinerlei Polizeigewalt verfügt, und die dennoch ohne Widersprechen respektiert wird.

Eine weitere wichtige Funktion übt der Priester bei den rituellen Festen aus, bei denen Rauschmittel genommen werden. Diese Einnahme der Droge vollzieht sich in einer streng geregelten Form: Zunächst haben die Frauen aus der halluzinogenen Pflanze einen Absud gekocht. Dann setzen sich die Männer im Kreis zusammen um den kumi, und hinter ihnen nehmen die Frauen Platz. Sie nehmen jedoch die Droge selbst nicht ein. Es wird nun von dem vorbereiteten Absud getrunken, und der kumi gibt dazu in einer monotonen, aber suggestiven Weise die Anweisungen, welche Visionen dabei erfahren werden. Die imaginäre Reise geht durch die paradiesische Unterwelt und über die Milchstraße und wieder zurück. Die Wirkung der Droge soll etwa eine halbe Stunde anhalten, wer sie jedoch nicht verträgt, muss unter dem Gespött der umsitzenden Frauen den Kreis verlassen. Es heißt, dass nach dieser Drogensitzung nur noch chicha getrunken wird.

Besondere Aufmerksamkeit verdienen sodann alle Bräuche und Regeln, die mit der Jagd zusammenhängen. Wie schon erwähnt, bezeichnen die Desana sich selbst als Jäger – das heißt jedoch nicht, dass sie ständig mit dem Bogen in den Wäldern umherziehen und dem Wild nachstellen dürfen. Vielmehr unterliegt die Jagd besonders strengen Einschränkungen. Hierzulande kennt man Schonzeiten für das Wild; einschränkende Gesetze dieser Art gibt es natürlich nicht. Aber die dort beobachteten Regeln sind schon einschneidend genug, um sicherzustellen, dass die Wälder nicht in kurzer Zeit von dem ohnehin nur sehr spärlich vorhandenen Wild leergeschossen werden.

Die Einschränkungen sind von dreierlei Art. So muss der Jäger vor der Jagd besondere Reinigungsriten und Speisegesetze beachten. Dann muss er sich des Geschlechtsverkehrs enthalten. Die dritte Weise der Beschränkung klingt zunächst willkürlich, hat aber auch ihren Sinn und wirkt restriktiv wie die vorgenannten Regeln: wenn die Jäger ausziehen wollen, darf keine der Frauen und Mädchen in ihrer Gemeinschaftshütte gerade ihre Menstruation haben: sonst würden die Jäger rituell unrein. Nachzutragen ist noch, dass selbstverständlich auch sonst kein weibliches Wesen den Jagdbogen berühren darf. Alle diese einschränkenden Regeln zielen auf eine Schonung des Wildbestandes ab, von dem schließlich, wenn auch nur zum Teil, das Überleben der Menschen abhängt.

Der Schonung der natürlichen Ressourcen dient schließlich auch noch die rigorose Geburtenbeschränkung; denn wenn es zu viele Esser gibt, werden die natürlichen Bestände schnell aufgebraucht, ohne dass sie nachwachsen könnten. Das gilt für alle Nahrungsquellen in gleicher Weise: Es ist viel zu wenig bekannt, dass der Urwaldboden eigentlich unfruchtbar ist. Er trägt gerade den Wald, der auf ihm wächst, aber für den Ackerbau ist er nicht geeignet, weil er sich schnell erschöpft. So müssen auch die kleinen Felder und Gärten der Indios nach zwei oder drei Ernten für mehrere Jahre geschont werden, und von der Schonung des Wildbestandes wurde schon gesprochen. Einzig der Fischfang scheint eine sicherere Nahrungsquelle zu sein, aber vom Fisch allein können die Menschen auch nicht leben.

Die Konsequenz aus der einmal in alter Zeit erkannten Lage ist, dass sie peinlich darauf bedacht sind, die Bevölkerung nicht anwachsen zu lassen. Sie haben darum nicht mehr als zwei, höchstens drei Kinder je Paar, und dafür wird mit allen bekannten Mitteln gesorgt: Die Frauen kennen die Kräuter, mit denen sie eine unerwünschte Schwangerschaft beenden können. Der soziale Druck wirkt sehr stark in dieser Richtung, und Familien mit mehr als drei Kindern gelten als unverantwortlich und asozial. Man bedenke einmal, was es in einer durchaus patriarchal verfassten Gesellschaft für eine weise Beschränkung bedeutet, wenn die Männer ihren Stolz und ihr Selbstbewusstsein eben nicht aus der Vielzahl ihrer Kinder herleiten, wie es sonst in Lateinamerika der Fall ist. Hier sind die vermeintlich primitiven Urwaldindianer eindeutig überlegen, und man kann nur hoffen, dass sich nicht auch bei ihnen der Standpunkt des Papstes durchsetzt. Es würde diese am Rande des Existenzminimums lebenden Gemeinschaften in kurzer Zeit zugrunderichten.

Damit soll es mit dem Gang durch die Mythologie und Lebensweise der Desana einstweilen sein Bewenden haben, obwohl noch viel mehr über den Symbolgehalt der ganzen Schöpfung, der Elemente, der Farben, der Musikinstrumente und vieler anderer Bestandteile ihrer Lebensform gesagt werden könnte. Schon die wenigen Andeutungen, die ich den sehr viel reichhaltigeren Angaben des Werkes von Reichel-Dolmatoff entnommen habe, zeigen, dass auch das Leben dieser vermeintlichen Naturmenschen gar nicht so natürlich ist, wie sich das ein Rousseau einmal vorgestellt hatte. Sie leben vielmehr in einer gänzlich eigenständigen und sehr differenzierten Kultur, die in vollkommenem Einklang mit den Gegebenheiten ihrer kargen und schwierigen Umwelt steht. Dieses Gleichgewicht ist sehr störbar, und, einmal gestört, ist es sicher nicht in einer überschaubaren Zeit wieder herzustellen. In der Tat weiß ich nicht, ob die Verhältnisse aus der Mitte der sechziger Jahre, wie sie der Autor und sein Informant, Antonio Guzmán, geschildert haben, überhaupt noch bestehen, nachdem weitere drei Dezennien mit all ihren Zerstörungen auch diese entlegene Weltgegend heimgesucht haben könnten.

Wir können nur hoffen, dass der Sonnengott, die Tochter des Sonnengottes, die Tochter der Forelle und alle guten Geister oberhalb und unterhalb der Milchstraße ihr Leben weiterhin ermöglichen, und dass das friedliche Volk der Desana überhaupt noch existiert. Sollte das nicht der Fall sein, wäre diese ausführliche Monographie, die der kolumbianische Forscher ihnen gewidmet hat, zugleich ihr Nachruf.

Rider Haggard
The Way of the Spirit
Analyse eines Viktorianischen Romans

„Rider Haggard ist ohne Zweifel der ‚Klassiker' jenes Motivs der Anima, das schon bei den Humanisten des 15.-17. Jahrhunderts bewusst als solches auftritt (...)", schreibt C.G. Jung im Vorwort zu dem Buch von Cornelia Brunner, „Die Anima als Schicksalsproblem des Mannes." Studien aus dem C.G. Jung-Institut Zürich. XIV. Zürich und Stuttgart 1963, S. 11, und er fügt hinzu: „Das bedeutende Motiv der Anima entfaltet sich bei Rider Haggard in reinster und zugleich naivster Form" (ebd. 12). Cornelia Brunner stellt deshalb in ihrer von Jung angeregten Arbeit über eine längere Traumserie eines heutigen Analysanden die eingehende Interpretation des Romans „She" von Rider Haggard voran, in dem die Auseinandersetzung mit der Anima in der Form eines „yarn" dargestellt wird. Dem schickt sie einen kurzen Bericht über das gleichfalls romanhafte Leben des Autors voran, der sich auf seine autobiographischen Schriften und eine von seiner Tochter verfasste Biographie stützt. Weil dieser Autor hierzulande kaum bekannt ist und sein Lebenslauf durchaus exemplarische Züge aufweist, lohnt es sich, auch in diesem Zusammenhang wenigstens andeutungsweise etwas mitzuteilen.

Henry Rider Haggard wurde am 22. Juni 1856 in England geboren. Seine Familie stammte aus Jütland und hieß dort Güldenstjerne. Ein Ahnherr, der den Namen des dänischen Familiensitzes Aagaard übernahm, wanderte 1420 nach England aus und erwarb Ansehen und Reichtum. William Henry Haggard, der Urgroßvater des Autors, kaufte das Landgut Bradenham Hall in West Norfolk, wo später Rider geboren wurde. Sein Großvater reiste in Geschäften nach Petersburg und heiratete dort eine Russin, Elisabeth Meybohm, deren Familie aus Bremen stammte und eine deutsch-slawisch-jüdische Mischung darstellte, während die Mutter des Autors, Ella Doveton, ihre Jugend in Bombay verbrachte, wo ihre Familie schon länger ansässig war. So treffen sich in Rider Haggard die verschiedensten Ströme familiärer Herkunft, die irgendwann einmal in einem dichterischen Talent von außerordentlicher Phantasiebegabung hervortreten sollten. Dabei zeigte sich seine Begabung keineswegs schon in der Kindheit. Er war das achte von zehn Kindern und galt unter seinen lebhafteren Brüdern als der Dummling der Familie.

In der Schule war er langsam und lernte schlecht, so dass sein Vater meinte, er tauge allenfalls zum Gemüsehändler. Während seine begabteren Brüder in Oxford und Cambridge ihre Bildung erhielten, kam er auf eine billige Grammar School. Er hatte, wie Cornelia Brunner schreibt, die typischen Schwierigkeiten des introvertierten Intuitiven. Seinem ausgeprägten Mutterkomplex zufolge lebte er träumend in seiner eigenen Phantasiewelt und war darum den äußeren Gefahren in vermehrtem Maße ausgesetzt; als Kind wäre er mehrere Male beinahe ertrunken, und es fehlte ihm auch noch lange an praktischer Begabung: wie seine Tochter erzählt, ging auf seinen Reisen regelmäßig ein Teil seines Gepäcks verloren, und er erwies sich vielfach als ungeschickt.

Seine bescheidenen Gaben brachten es mit sich, dass der Vater etwas rau über ihn verfügte: Aus der Grammar School wurde er unerwartet weggeholt, um in London Sprachen zu lernen. Er sollte sich damit auf den Dienst am Foreign Office vorbereiten. So lebte er mit achtzehn Jahren völlig auf sich gestellt in London in einer zweifelhaften Pension und geriet in einen spiritistischen Zirkel. Es ist anzunehmen, dass die dort erlebten Spukphänomene interessanter für ihn waren als seine Sprachstudien, die offenbar wenig Früchte trugen.

Da traf es sich günstig, dass ein Freund seines Vaters, Sir Henry Bulwer, zum Gouverneur von Natal gewählt wurde und bereit war, den jungen Mann als Privatsekretär mitzunehmen. So kam Haggard neunzehnjährig nach Afrika und fand dort das unerschöpfliche Anschauungsmaterial für seine Phantasie, das ihm keine Ausbildung in England je hätte geben können. Er, der bis dahin in seinen Träumereien gelebt hatte, fand sich plötzlich in verantwortlicher Stellung und in schwierigen Missionen. Er begleitete Sir Theophil Shepstone, den Sekretär für Native Affairs, in das Innere des Landes, und ohne jede Ausbildung wurde er einundzwanzigjährig als Richter, mit der ganzen Autorität der englischen Krone hinter sich, im Lande herumgeschickt und hatte dabei nicht nur Einzelfälle abzuurteilen, sondern auch Stammeskriege zu verhindern. Als es im Jahre 1868 zu einem Krieg mit den Zulus kam, trat er ohne jede Erfahrung in die Truppe ein. Später gab er den Dienst auf und wurde Farmer, kehrte jedoch für kurze Zeit nach England zurück und heiratete Louisa Margitson, eine Freundin seiner Schwester. Sie folgte ihm nach Afrika, wo er Strauße züchtete, Ziegel brannte und die erste Dampfmühle betrieb.

Die immer gefährlicher werdende Lage veranlasste ihn jedoch, die Farm aufzugeben und mit seiner Familie nach England zurückzukehren. Er kam dort fast mittellos an und musste sein Leben völlig neu aufbauen. Er arbeitete auf zwei verschiedenen Ebenen. Er musste Examina in den alten Sprachen nachholen, um zum Jurastudium zugelassen zu werden, und er schrieb ein Buch über seine Erlebnisse in Transvaal und Natal, wobei er mit Kritik an der Kolonialpolitik nicht sparte. Das brachte ihm nicht nur Anerkennung. Dann ging er zu Romanen über, von denen „King Solomon's Mines" noch heute gelesen wird, dazu „Allan Quatermain", „Jeß" und „She", welch letzterer Roman von C.G. Jung vielfach erwähnt wird. Danach machte er seine erste Reise nach Ägypten, wo er u.a. auch an Ausgrabungen teilnahm. Damit hatte er – neben dem südlichen Afrika – nun den zweiten Schwerpunkt in seiner unermüdlichen Suche nach Spielmaterial für seine Phantasie gefunden. Aber auch dabei blieb er nicht stehen. 1891 wollte er mit seiner Frau Mexiko besuchen, um über Montezuma zu schreiben und nach dem verborgenen Schatz von Guatemoc zu suchen.

Bei der Abreise hatte er schon ungute Vorahnungen, die sich dann bestätigten: er sah seinen kleinen Sohn nicht wieder. Diesen Verlust hat er nie überwinden können. Er erholte sich erst etwas, als ihm 1892 eine Tochter geboren wurde.

Weitere Reisen führten ihn 1912/13 nach Indien, Australien und Neuseeland, und zu Beginn des Ersten Weltkriegs war er in Kanada. Man sieht: das ganze Empire bot ihm das nötige Anschauungsmaterial für seine schriftstellerische Arbeit, und er starb 1925 mit neunundsechzig Jahren, also lange vor dem Zerfall dieses Weltreiches. Er hatte in jungen Jahren aktiv am Aufbau des Imperiums teilgenommen und hat dann durch seine Romane die Phantasie einer ganzen Generation von Welteroberern beflügelt.

Einer seiner begeisterten Leser war Winston Churchill. Das gehört der Vergangenheit an. Die Probleme, die er in den neu erworbenen Kolonien bereits erkannt hatte, haben überdauert, und in dem zeitgebundenen Milieu seiner Romane wird soviel von der überzeitlichen Problematik der Seele sichtbar, dass C. G. Jung auf diesen Autor aufmerksam geworden ist und ihn vielfach erwähnt hat. Das von ihm in erster Linie herangezogene Werk ist „She" (1886), aber, wie mir scheint, ist auch sein späterer Roman „The Way of the Spirit" von hohem psychologischen Interesse, wie ich Ihnen nun zeigen möchte, und sicher auch noch manch anderes seiner Werke, das Cornelia Brunner in ihrem Buch nur knapp streift. Es wären also noch Entdeckungen zu machen; aber hier bietet „The Way of the Spirit" genug der Anregung.

In einem „Prologue" überschriebenen Kapitel erzählt der Autor die Vorgeschichte der Romanhandlung. Es beginnt mit einem, mit kaum verhülltem Hass geführten Streitgespräch zweier Vertreter der höchsten Gesellschaftsschicht, des etwa fünfzigjährigen Lord Devene und seiner sehr viel jüngeren Gattin, an der er aber seit längerem jedes Interesse verloren hat. Der Grund ist, dass sie ihm nicht den ersehnten Nachkommen und Erben von Titel und Besitz geschenkt hat. So hat er sich von ihr innerlich abgewandt, und sie hat sich anderweitig getröstet, was ihm bekannt ist. Ihr Liebhaber ist ein sehr viel jüngerer Vetter ihres Gatten, den sie verführt hat.

Der Autor teilt aber auch mit, dass sie früher schon mit einem anderen Mann leichtfertig gespielt hat, der offenbar mehr erwartet hatte, und, weil sie ihn wieder fallen ließ, dem Trunk verfiel. Mit diesen

Andeutungen will der Autor offenbar verhindern, dass allzugroßes Mitleid mit Lady Clara beim Leser aufkommt.

Der als selbstherrlich und gemütsroh geschilderte Gatte eröffnet ihr, dass er alle nötigen Beweise gegen sie in der Hand habe, und dass er sich von ihr scheiden lassen wolle. Nun müsse wohl ihr junger Galan sie heiraten. Diese Aussicht tue ihm zwar leid für seinen unerfahrenen Vetter, aber er habe sich nun einmal entschlossen, sich eine andere Frau und Mutter möglicher Nachkommen zu suchen. Er teilt ihr dann knapp mit, dass er mit dem Nachtzug auf seinen Landsitz fahren, aber am nächsten Tag schon zurückkehren werde, um seinen Anwalt aufzusuchen. Er gibt dann noch einen scheinheilig-besorgten Rat: sie möge mit dem Schlafmittel Chloral vorsichtig umgehen, das sie offenbar gewohnheitsmäßig einnimmt, es gäbe da Unfälle …

Ein solcher „Unfall" ist dann auch eingetreten, als am nächsten Vormittag der junge Rupert Ullershaw sie aufsuchen möchte und vom Butler die traurige Tatsache erfährt. Er erleidet einen schweren Schock. Weniger getroffen ist anscheinend Lord Devene, der sich die Hände reibt, weil er die ihm lästig gewordene Lady Clara auf so glatte Weise losgeworden ist, und er murmelt auch gleich das passende Bibelzitat vor sich her: „Sollen doch die Toten ihre Toten begraben!" (Mt 8,22). Damit wird das zynische Jesuswort kongenial von dem alten Zyniker Devene im richtigen Moment hervorgeholt. Eine gute Bibelkenntnis ist eben viel wert, und der Autor wird im Laufe des Romans noch manches, natürlich nicht als solches gekennzeichnete, Bibelzitat einflechten, und er kann bei seinen Lesern voraussetzen, dass sie es erkennen. Das wäre heute nicht mehr so selbstverständlich.

Und noch auf eine Eigenart des Autors ist hier hinzuweisen: zu seinen schlichten erzählerischen Mitteln gehört, dass er den Leser an den Selbstgesprächen und damit an Einstellungen und Absichten seiner Figuren teilnehmen lässt. Es handelt sich bei ihm eben um den auktorialen Erzähler älteren Stils, und wer daran Anstoß nähme, brächte sich um den Ertrag einer höchst spannenden Lektüre. Aber zurück zur Vorgeschichte unseres Helden, denn um den geht es hier schon.

Der Autor führt Rupert Ullershaw als einen wohlgeratenen jungen Mann und einzigen Sohn seiner verwitweten Mutter ein. Er hat gerade seine Studien an einer Militärakademie mit Erfolg abgeschlossen – was, wie bekannt, dem Autor selbst nie vergönnt war – und verbringt nun die nächste Zeit nach seinem Zusammenbruch in der Pflege durch seine Mutter. Ihr hat er seinen Fehltritt gestanden, und sie redet ihm ernsthaft ins Gewissen. Auch sie gebraucht die Sprache der Bibel und stellt ihm eindringlich den Gegensatz zwischen dem Weg des Fleisches und dem Weg des Geistes dar.

Für den nicht so bibelfesten Leser und Hörer sei darum die Stelle aus dem Galaterbrief angeführt, um die es hier geht: „Lasst euch vom Geist leiten, dann werdet ihr das Begehren des Fleisches nicht erfüllen. Denn das Begehren des Fleisches richtet sich gegen den Geist, das Begehren des Geistes aber gegen das Fleisch. (…) Die Werke des Fleisches sind deutlich erkennbar: Unzucht, Unsittlichkeit, ausschweifendes Leben, Götzendienst, Zauberei, Feindschaften, Streit, Eifersucht, Jähzorn, Eigennutz, Spaltungen, Parteiungen, Neid und Missgunst, Trink- und Essgelage und ähnliches mehr (…). Die Frucht des Geistes aber ist Liebe, Freude, Friede, Langmut, Freundlichkeit, Güte, Treue, Sanftmut und Selbstbeherrschung (…)" (Gal 5,16-23).

Das sind also die Tugenden, die die fromme Mutter von ihrem Sohn erwartet, wenn er ein guter Junge sein will, und die gleichen Eigenschaften zieren natürlich auch den Soldaten, den die Queen Victoria in die Gefahren der fremden Länder hinaus schickt.

Hier nun, in der Stunde seiner offenbaren Schwachheit, verspricht der junge Held seiner Mutter alles, was sie von ihm erwartet, und sie schließt ihre eindringliche Ermahnung, indem sie ihm den Verzicht empfiehlt: den Verzicht auf eben jenen verderblichen Weg des Fleisches, auf dem er so früh gestrauchelt ist, und ihn auf den einzig richtigen Weg des Geistes verweist. Das erstaunliche Ergebnis dieser mütterlichen Ermahnung sei gleich vorweggenommen: Rupert hält sich daran!

Die Entwicklung der nächsten Jahre wird knapp skizziert: Ullershaw geht nach Indien, wo er sich in manchen Treffen bewährt, und er lebt dort soldatisch korrekt und mönchisch zugleich; die einzige Zerstreuung, die er sich gestattet, ist die Großwildjagd, wenn sich die Gelegenheit bietet. Außerdem hat ihm ein Kamerad den Hinweis gegeben, dass nur wenige Offiziere der Krone eine Kenntnis der arabischen Sprache hätten. Dort aber, im Vorderen Orient, gäbe es demnächst Wichtiges zu tun, und so könnte er sich darauf vorbereiten durch das Erlernen ebendieser – höchst schwierigen – Sprache.

Der junge Offizier greift diese Anregung auf und stürzt sich mit Eifer in das Studium des Arabischen und wird bald schon in der Golfregion mit wichtigen Aufgaben betraut, die er zufriedenstellend löst und dafür den Bath-Orden erhält, die vierthöchste Auszeichnung des Britischen Empires. Dann schickt man ihn nach Ägypten. Damit setzt die eigentliche Romanhandlung ein. (An dieser Stelle wird schon deutlich, wie sehr der Held die Projektion des idealen Selbst des Autors Rider Haggard ist: er hat mit Erfolg die Sprachstudien auf sich genommen, die dem Autor nicht vergönnt waren, und wozu er wohl auch nicht die Begabung hatte. Andererseits ist der Erwerb der arabischen Sprachkenntnisse bei seinem Dienst im fernen Indien schon ein leicht phantastischer Zug, den er aber mit unserem Kara ben Nemsi teilt. Also wollen wir den Autor dafür nicht bekritteln!

Der Autor versetzt seinen Helden nach Oberägypten in die Nähe der Grenze zum Sudan und mitten hinein in die wechselvolle Geschichte der Eroberung ebendieses Landes für den Herrschaftsbereich der englischen Krone. Was sich da etwa seit 1874 abgespielt hat, ist uns heute nicht mehr so gegenwärtig, wie es Haggards Lesern gewesen sein muss, und darum kann er die allseits noch in frischer Erinnerung befindlichen Konflikte auch ganz kurz andeuten. Immerhin hat diese schwierige Eroberung das Leben vieler Soldaten gekostet, hauptsächlich ägyptischer natürlich, und es wäre auch beinahe zu einer kriegerischen Auseinandersetzung mit einer anderen expandierenden Kolonialmacht gekommen, im sog. Faschoda-Konflikt. Nur weil die Franzosen damals – als Klügere! – nachgegeben haben, kam es nicht zu einem Weltkrieg um den afrikanischen Kolonialbesitz mit ganz anderen Frontstellungen als 1914-1918. Aber solche weltpolitischen Verwicklungen brauchen den auf sich gestellten Helden in der Wüste nicht zu beunruhigen. Er folgt seinem christlichen Gewissen und dem Befehl seiner Vorgesetzten, und wie schön, wenn beides sich in Übereinstimmung bringen lässt.

Der Autor stimmt den Leser auf die kommenden gefährlichen Verwicklungen ein, indem er seinen Helden mit einem unheimlichen Erlebnis konfrontiert: Er sieht und hört fünf arabische Musiker, die auf ihren Instrumenten eine schauerliche Musik aufführen. Als er ihnen Geld geben will, wird dieses beharrlich ignoriert. Da wundert sich Ullershaw, denn wen gäbe es in Ägypten, der sich weigerte ein Bakschisch anzunehmen? Die Musiker sind offenbar nicht ganz von dieser Welt! (Viele Jahre später erfährt der Autor, dass tatsächlich in jener Region manchmal vier solcher unheimlichen Musikanten gehört und gesehen wurden, die immer als Vorboten unglücklicher Ereignisse galten.

Hier hat den Autor seine alte Beschäftigung mit dem Spiritismus eine Erfindung aus dem okkulten Bereich machen lassen, die seltsamerweise mit den Beobachtungen anderer übereinstimmt. Die Intuition zeigt offenbar doch gelegentlich Früchte.) Seit jenem alles Weitere bestimmenden Gespräch mit der Mutter sind mehr als elf Jahre vergangen. Wir müssen uns den Helden also jetzt als über Dreißigjährigen vorstellen. Er lebt seit einigen Jahren in Ägypten, hat seine Kenntnis des Arabischen zur Vollendung gebracht und kann neben seinen Aufgaben in der Armee auch seinen archäologischen Interessen nachgehen und sich auch über die Mythen der alten Ägypter ein Bild verschaffen.

Der Autor berichtet ferner, dass Ullershaw in den Kämpfen im Zusammenhang mit dem Aufstand der Derwische im Sudan mitgefochten hat, dort verwundet wurde, aber zuletzt wiederum mit neuen Auszeichnungen daraus hervorgegangen ist. Nun kommandiert er eine kleine Abteilung, die in der Nähe von Abu Simbel stationiert ist, also in unmittelbarer Nähe der Grenze zum Sudan. Seine Aufgabe ist es, die dortigen Stämme zu beobachten, deren Gefolgschaftstreue zum

Khedive, also dem Vizekönig, der das Land im Auftrag der Türken, aber tatsächlich gesteuert von den Engländern, beherrscht, mit Grund in Zweifel gezogen werden kann.

In einer solchen Lage kann auch ein einfacher Spaziergang um das Lager seiner kleinen Truppe schon in die Gefahr führen. Er sieht plötzlich einen einzelnen Araber, der mehrere Speere in der Hand schwingend auf ihn zureitet. Sofort zwingt er ihn mit vorgehaltener Waffe, die Speere fallenzulassen und abzusteigen, und es entspinnt sich ein bedrohliches und feindseliges Gespräch. Der Araber, in dem Rupert den Scheich Ibrahim erkennt, beschwert sich heftig, dass die ägyptischen Soldaten seine Herden fortgeführt hätten, und er verlangt dafür einen Ausgleich. Ullershaw entgegnet ihm, dass er froh sein solle, nicht selbst gefangen genommen zu sein, weil er sich als Verräter erwiesen habe, obwohl er doch etliche Zuwendungen von der Regierung erhalten habe. Er kennt auch einen verdächtigen Brief, den der Scheich geschrieben habe, den dieser jedoch für gefälscht erklärt. Er jagt ihn davon, aber aus sicherer Entfernung, d.h. außer Pistolenschussweite, stößt er wüste Verwünschungen gegen Ullershaw aus.

Der Leser ist damit ins Bild gesetzt über einen gefährlichen Feind des Helden. Danach sucht Ullershaw die alte Bakhita in ihrer Hütte auf, eine geheimnisvolle Person, die in dem Ruf steht, eine Zigeunerin zu sein. Sie ist zwar keine banale Hand- und Kaffeesatzleserin, aber sie weiß über alles Bescheid und ist so für ihn eine gute Nachrichtenquelle. Woher sie das alles weiß? Sie äußert sich nicht näher. Sie sagt, der Wind trage ihr die Stimmen zu.

Mit dem jungen Offizier aber versteht sie sich glänzend, und wegen seiner Autorität, denn faktisch ist er hier als Kommandant der Vertreter der Krone, nennt sie ihn nicht nur Rupert Bey, sondern auch scherzhaft, Vater. Das wehrt Ullershaw ebenso scherzend ab und nennt sie stattdessen Mutter, und sie solle ihn eher ihren Sohn nennen. Das tut sie dann auch. Damit hat der Held neben seiner leiblichen Mutter in England eine zweite mütterliche Person im Orient, die ihn mit Wohlwollen berät.

Als erstes will sie ihn vor dem Scheich Ibrahim warnen, aber mit ihm ist er ja schon zusammengestoßen. Dann erzählt sie ihm, dass demnächst ein Dampfschiff mit wichtigen Nachrichten für ihn aus Kairo eintreffen werde. Dann fragt Ullershaw sie nach einem geheimnisvollen Tempel in der Wüste, der noch weit größer sein soll als der von Abu Simbel, und von dem er gehört habe, dass dort gefährliche Magier wohnen sollen, die nicht dem Propheten anhängen.

Als Liebhaber der ägyptischen Altertümer möchte er natürlich den Tempel sehen, und Bakhita stellt ihm auch in Aussicht, dass sie vielleicht einmal zusammen dorthin gelangen könnten.

Kaum ist er in seinem Lager zurück, als auch tatsächlich das Dampfboot eintrifft mit einem englischen Offizier, der ihn ablösen soll, während er selbst sich bei den Vorgesetzten in Kairo melden solle. Er übergibt ihm auch Post aus der Heimat, die er aber zunächst ungelesen einsteckt. Er geht also an Bord, und erst dort liest er seine privaten Briefe.

Da ist zunächst ein mit krakeliger Bleistiftschrift geschriebenes Blatt von seiner Mutter. Sie teilt ihm mit, dass sie einen Schlaganfall erlitten habe, linksseitig gelähmt sei und sich dringend wünsche, ihren Sohn noch einmal zu sehen; er könne doch jetzt nach fast zwölf Jahren einmal einen Urlaub nehmen!

Dann ist da noch ein längerer Brief von seiner Verwandten Edith Bonnythorne, die er zuletzt als Schulmädchen gesehen hat, und die nun zu einer selbstbewussten jungen Dame herangewachsen ist. Sie lebt jetzt bei seiner alten Mutter, nachdem sie, die früh verwaist ist, zuvor bei einer anderen Verwandten, Mrs. Learmer, gewohnt hat, wo sie zusammen mit deren Sohn Dick aufgezogen wurde.

Dieser Dick, mit dem sie wie Bruder und Schwester aufgewachsen ist, hat sich nun zu einem Tunichtgut und Familienproblem entwickelt. Er hat die Rechte studiert, aber wohl nicht ernsthaft. Er hat sein gar nicht so knapp bemessenes Erbe durchgebracht und lebt nun auf Kosten des uns schon bekannten Lord Devene, der ihn als Verwandter – auch sie sind Vettern zweiten Grades, so wie er auch mit Edith verwandt ist

– nicht ganz untergehen lassen kann. Er unterstützt ihn also und denkt daran, ihm einen Sitz im Unterhaus zu kaufen; auch solche Einblicke in die inneren Angelegenheiten der englischen Politik gewährt dieser Roman!

Auch dieser Dick Learmer wird sorgfältig mit seinem Stammbaum vorgestellt. Da ist zunächst sein Name: Er stammt von einem Juristen spanischer Abstammung ab, dessen Name eigentlich Lerma lautete. Diese südländische Herkunft ist ihm noch deutlich anzusehen, und er nutzt das auch weidlich aus, weil er weiß, welchen Eindruck er damit auf Frauen macht. So ist er also ein Bruder Leichtfuß und genau der Typ, der im neueren Film als Latin Lover bezeichnet wird. Andererseits erinnert sich Ullershaw, gehört zu haben, dass dieser Dick immer in Verbindung mit seiner Kusine Edith genannt wurde und dann ist da noch das ungeklärte Schicksal des Vermögens von Lord Devene, als dessen Erbe er infrage kommt, weil dieser immer noch ohne eigene Nachkommen ist.

Auch darüber schreibt nun Edith an ihren Vetter: Lord Devene habe kurz nach dem Tode seiner ersten Frau wieder geheiratet, und zwar eine Dame deutscher Herkunft. Er habe nämlich gemeint, die deutschen Frauen seien als Hausfrauen perfekt; über Fruchtbarkeit wird ja nicht direkt gesprochen. Genau dies hat sich aber unglücklich entwickelt: Tabitha, so heißt die Dame, habe zwar im Laufe der Jahre sechs Kinder geboren, aber sie seien alle im Säuglingsalter verstorben. Der letzte Sohn, ein Siebenmonatskind, sei zwar noch in einen Inkubator gesteckt worden – das gab es also schon damals –, aber es habe ihn auch nicht gerettet. Nun sei also Lord Devene wieder ohne direkten Erben, und so käme neben dem unzuverlässigen Dick auch Rupert in Betracht als einziger männlicher Verwandter.

Das alles liest Ullershaw mit gemischten Gefühlen, erwirkt einen längeren Urlaub und schifft sich nach Europa ein, nachdem er seine Ankunft von Port Said aus telegrafisch angekündigt hat. Er trifft nun bei Sturm und Nebel in Plymouth ein und nimmt den Zug nach London. Endlich erreicht er Paddington, kann aber zunächst für seinen

schweren Koffer keinen Gepäckträger finden, denn bescheiden und
bedürfnislos wie er ist, ist er aus der zweiten Klasse ausgestiegen, und
alle Gepäckträger haben sich nur um die Reisenden der ersten gekümmert. Schließlich findet er doch einen, der den großen Koffer auf seine
Karre lädt, und zugleich sieht er eine junge Dame auf sich zukommen:
seine Kusine Edith.

Seine alte Mutter empfängt ihn mit einem Bibelzitat: Nun entlässt
Du Deinen Diener in Frieden (...) denn meine Augen haben deinen
Heiland gesehen (Lk 2, 29f.), aber der Autor fängt die Rührung sofort
mit einigen komischen Szenen auf. Da ist zunächst der schwere Metallkoffer, den Edith und zwei Dienstmädchen kaum von der Stelle bewegen
können, und an dem sie sich ihre Glacéhandschuhe zerrissen hat. Als
nun Rupert stolz seine Schätze hervorholt, erntet er eher Befremden
und Unverständnis, wenn nicht schlecht verhohlene Abneigung. Er hat
nämlich zwei Grabstelen mitgebracht, und seine Mutter fragt, ob sie
nicht etwas abgenutzt seien ... Er erklärt, dass der eine Stein gut viertausend, der andere dreitausend Jahre alt wäre, und stellt ihn auf ein zierliches Büchergestell, das natürlich darunter zusammenbricht. Er kann
die Stele gerade noch auffangen.

Dann hat er noch eine bronzene Figur des Osiris mitgebracht –
wir erinnern uns, das ist jener Gott der zerstückelt wird, und dessen
Teile von seiner Schwester-Gattin Isis zusammengefügt und wiederbelebt werden; er ist der eigentliche Totengott der Ägypter, auch Totenrichter. – Der Leser spürt, die Erwähnung gerade dieses Gottes bedeutet
kein gutes Omen für das Kommende. Solche Kenntnisse werden indes
bei der jungen Dame nicht vorausgesetzt. Sie hat jedoch eine große
Abneigung gegen alles, was mit Tod, Krankheit und – später wird das
noch ausschlaggebend – Verstümmelung zusammenhängt.

Aber zurück zur Handlung in England, die der Autor energisch
voranbringt. Schon bevor der reine Tor selbst daran denkt, überlegt
Edith bereits, wie sie erreichen kann, dass er sich in sie verliebt. Beide
sind eigentlich grundverschieden und in ihren Zu- und Abneigungen
nicht miteinander vereinbar. Aber darüber ist sich nur Edith im Klaren.

Rupert, der viele Jahre keine englische Lady gesehen hat, verliebt sich
tatsächlich sofort in sie; eine solche Liebe auf den ersten Blick scheint
auch der Autor einmal erlebt zu haben, vor seiner Ehe, und er hatte
damals verzichten müssen zugunsten seines Afrikaaufenthaltes. Als er
zurückkam, war die ehemals Angeschwärmte bereits vergeben – wohl
eher zu seinem Glück, wie sich dann herausstellte.

Aber zurück zu unserer Geschichte. Edith erhält eine Nachricht von
Lord Devene, der sie zu sich beordert und ihr knapp eröffnet, sie solle
Ullershaw heiraten. Sie bekäme am Tage ihrer Eheschließung 25.000
Pfund. (Ein ganz beträchtliches Vermögen: gut 500.000 Goldmark,
deren Kaufkraft zu damaliger Zeit im Vergleich zu heute mit 15 multi-
pliziert zu denken ist.) Der großzügige Vetter Devene spricht sie auch
auf Dick Learmer an, von dem er aber gar nichts hält, und er erzählt
ihr auch von dessen Prahlerei, dass er sich ihrer Zuneigung sicher sei.
Das kann ihr natürlich nicht gefallen. Sie ist sich all seiner Schwächen
bewusst, und doch muss sie sich eingestehen, dass er der einzige Mann
ist, vor dem sie nicht zurückschreckt (to shiver). Soll sie sich darüber
hinwegsetzen und trotzdem die Ehe mit Ullershaw anstreben? Sie ist
gespalten; aber da ist schließlich die Aussicht auf das Erbe von Lord
Devene, und sie ist eine mittellose junge Dame mit keinem anderen
Kapital als ihrer – immerhin beachtlichen – Schönheit.

Obwohl sie unter dem Dach seiner Mutter zusammenwohnen,
kommen Edith und Rupert sich innerlich nicht näher – nur der reine
Tor bemerkt es nicht und hält Ediths nur höfliches Interesse für seine
ägyptologischen und strategischen Vorträge für echt.

Der Autor zeigt ihre innere Abneigung an vielen Einzelzügen:
so schenkt ihr Ullershaw einen Skarabäus, den er auf einer Mumie
gefunden hat, aber sie hat nur Abscheu vor allem, was mit dem Tod
und den Toten zusammenhängt, und außerdem passt das eigens für sie
in Gold gefasste Schmuckstück nicht zu ihrer Garderobe. Also lässt sie
es „versehentlich" fallen und heuchelt großes Bedauern, als es auf dem
Boden zerspringt. Rupert verspricht ihr zum Ersatz ein noch schöneres
Stück. Das alles verheißt nichts Gutes.

Auf einer Dinnerparty bei Lord Devene, zu der Rupert unwillig mitgehen muss, trifft er auf Lord Southwick, den Unterstaatssekretär im Kriegsministerium. Der erzählt auch gleich eine seiner Heldentaten: wie er unter größter Gefahr einen verwundeten Kameraden gerettet habe. Eigentlich sollte er dafür das Viktoriakreuz bekommen, aber es war nur eine begrenzte Zahl dieser Auszeichnungen vorgesehen. Die Kandidaten waren nach dem Alphabet aufgeführt, und er stand zu weit hinten. So war er leer ausgegangen.

Trotzdem macht die Geschichte seiner Heldentat die Runde und bringt ihm zahlreiche Einladungen ein, was ihm sehr lästig ist.

Lord Southwick hat Ullershaw für den nächsten Tag ins Ministerium einbestellt und lässt sich von ihm die Lage an der sudanesischen Grenze erklären. Seine Ansicht leuchtet ihm ein. Er wird dann noch kurz dem Minister selbst vorgestellt. Der fragt ihn, wieviel Urlaub er genommen habe. Auf die Antwort, ein halbes Jahr, fragt er ihn beiläufig, ob er bereit sei, auch schon vorher wieder den Dienst aufzunehmen, wenn es nötig sei. Rupert sagt sofort zu, ganz der pflichtbewusste Soldat der Krone.

Das alles spielt sich noch im Spätherbst ab. Zum Jahreswechsel sind Rupert und seine Mutter, Edith und, leider, auch Dick Learmer, auf den Landsitz von Lord Devene, der sich selbst nach Neapel geflüchtet hat, denn er kann Weihnachten nicht ausstehen. Eine Fasanenjagd wird arrangiert, und Rupert, Dick und mehrere Gäste stehen in einer lang ausgezogenen Reihe, um die fliegenden Fasane zu erwarten. Rupert hat den Rat bekommen, nur auf solche zu schießen, die direkt über ihm fliegen, und dabei sich auf die Hähne zu beschränken. Er solle immer zehn yards vor den Vogel zielen. Er befolgt den Rat, und trifft viele, was eine beachtliche Strecke ergibt.

Da tut Dick Learmer etwas völlig Unsportliches: er schießt schräg nach oben und trifft einen Hahn, der eigentlich im Bereich von Rupert geflogen kommt. Der schwere Vogel fällt wie ein Stein vom Himmel und trifft Edith an der Schulter, die darauf zu Boden geht. Zuerst will Learmer ableugnen, dass er geschossen hat, aber der Jagdgehilfe bestätigt es, und so steht er nicht nur als unfair da, sondern auch noch als Lügner. Aber Rupert hat anderes zu tun, als ihm Vorwürfe zu machen. Er bemüht sich um Edith und geleitet sie ins Haus. Dort kann sie dann ihren Bluterguss behandeln; sie will aber keinen Arzt.

In der Aufregung und Sorge hat Rupert viele zärtliche Namen für Edith gefunden, so dass er sich sagt, nun müsse er auch Ernst machen und sich ihr erklären. Vor dem Abendessen trifft er sie in der Bibliothek und macht ihr seinen Antrag. Dabei steckt er ihr auch seinen Ring an den Finger – fatalerweise wieder einen Mumienring ägyptischer Herkunft. Aber Edith lässt es geschehen, wie sie auch seinen Heiratsantrag mit einem Händedruck beantwortet. Es mag offenbleiben, ob dabei auch ein energischer Brief von Lord Devene mitgespielt hat, der sie wiederum an Ullershaw erinnert hat.

Die zum Teil mit feinem Humor geschilderten Verwicklungen bis zur Eheschließung seien hier übergangen. Lord Devene hat sie für Freitag, den 13. April festgelegt; der alte Freigeist fürchtet sich nicht vor dem ominösen Datum, und die anderen dürfen es auch nicht.

Die üblichen Vorbereitungen mit Garderobe- und Geschenkauswahl gehen weiter, da erhält Rupert einen Tag vor der Hochzeit ein Telegramm, das ihn wieder ins Ministerium ruft: Im Sudan sei eine bedrohliche Lage entstanden, und ihm traue man zu, hier etwas zu bewirken.

Rider Haggard siedelt seinen Roman in einer ganz bestimmten geschichtlichen Situation an. Es ist die Zeit des Mahdi-Aufstandes im Sudan. Zur Vorgeschichte muss man wissen, dass die türkische Führung Ägyptens seit etwa 1820 versucht hat, den Sudan zu erobern, und das mit dem erklärten Ziel, den nichtislamischen Süden des Landes als Reservoir für den Sklavenhandel in die Hand zu bekommen. Dieser Handel hatte solche Ausmaße angenommen, dass von dem Hafen Suakin am Roten Meer jährlich etwa 50.000 Sklaven verschifft wurden. Ab 1877 versuchten die Engländer, von denen der Khedive finanziell und militärisch abhängig war, diesen blühenden Handel zu unterbinden. Da erklärte sich 1881 der Derwisch Mohammed Ahmed zum Mahdi, d.h. zu dem verheißenen Erneuerer des Glaubens in der Endzeit, und entfachte einen Aufstand gegen die ägyptische Regierung. Er hatte großen Zulauf, zumal die Sklavenhändler ihn unterstützten und viele Soldaten der ägyptischen Armee zu ihm überliefen. Es gelang ihm 1883, ein ägyptisches Heer unter englischer Führung aufzureiben, und 1885 Khartum einzunehmen, wobei der englische General Gordon ums Leben kam; er wird in dem Roman erwähnt. In dieser Situation, als es darum ging, die Herrschaft über den abgefallenen Sudan zurückzugewinnen, ist die nun folgende Episode des Romans angesiedelt. (Die endgültige Niederlage des Nachfolgers des ersten Mahdi, der 1885 gestorben war, erfolgte erst im Jahre 1899 unter General Kitchener.)

Rupert Ullershaw nimmt also den gefährlichen Auftrag an, die arabischen Stämme in der Gegend von Wadi Halfa zurückzugewinnen. Dabei setzt die englische Regierung auf das unfehlbare Mittel des Orients: Bestechung. Rupert soll also, als Kaufmann und in arabischer Verkleidung, den Stammeshäuptlingen reiche Geschenke überbringen, um sie zu einem Frontwechsel zu bewegen. Soweit der schöne Plan aus dem Ministerium: gelingt er, hat man den Sudan zurückbekommen. Scheitert die Mission, so hat man offiziell nichts davon gewusst, was da ein Privatmann unternommen hat.

So überschlagen sich die Ereignisse vor seiner Abfahrt: Rupert hat am Vortag seiner Hochzeit von dem Auftrag erfahren. Er soll schon an nächsten Tag den Zug nach Brindisi nehmen und sich dort nach Ägypten einschiffen. Zuvor muss er die Mission seiner besorgten Mutter und vor allem seiner Braut erklären. Die ist aber merkwürdig gefasst. Es kommt ihr anscheinend nicht ungelegen, dass die eheliche Gemeinschaft mit ihrem Kriegshelden nun noch etwas aufgeschoben wird. Zu klären ist dann, ob sie ihn vielleicht nach Ägypten begleiten soll, doch davon rät ihr Rupert strikt ab. Einmal sei dort der Beginn der heißen Jahreszeit, und dann sei in Kairo und anderen Städten die Cholera ausgebrochen, und die dort lebenden Europäer brächten ihre Familien außer Landes. Da möchte er seiner Braut diese Gefahren nicht zumuten. Diesen Argumenten kann sich Edith nicht verschließen, zugleich ist sie sich klar darüber, dass nichts sie von dieser Reise abgehalten hätte, wenn etwa Dick Learmer eine solche Mission zu unternehmen hätte. So wird dann die Ehe geschlossen, aber direkt vom Festmahl bricht Rupert zum Bahnhof auf. Ein Diener von Lord Devene reicht ihm noch einen Brief ins Abteil, dann nimmt er Abschied.

Als der Zug rollt, liest Rupert den Brief seines Vetters. Der Inhalt trifft ihn wie ein Schlag. Er erfährt, warum Devene die Eheschließung mit Edith so hartnäckig betrieben hat: Sie ist seine Tochter. Er kann und will sie nicht legitimieren; aber, und das ist Sein Plan, wenn Rupert als sein künftiger Erbe Edith heiratet, dann ist sie versorgt und ihre Nachkommen können Besitz und Titel erben; denn eigene Söhne hat er ja nicht.

Einige Zeit später befindet sich der Held der Erzählung wieder in der Nähe des Tempels von Abu Simbel. Er hat eine kleine Truppe von ungefähr 25 Mann bei sich, die aber nicht uniformiert sind, größtenteils Sudanesen, die als zuverlässig gelten. Er hat eine kleine Karawane von beladenen Kamelen mit allerlei Dingen, die die Araberscheichs erfreuen können, so besonders Waffen und Munition, aber auch Stoffe, und vor allem 1.000 Pfund in Gold.

Wenn er trotz seiner Verkleidung und seiner Sprachkenntnisse als Europäer erkannt wird, so soll er sich als ein Kaufmann aus Deutschland ausgeben, der zum Islam übergetreten ist. Er hat auch entsprechende Papiere.

In der Dunkelheit sitzt Rupert dem Tempel gegenüber, als er zwei Gestalten hineinschleichen sieht. Er denkt sogleich an Räuber und illegale Ausgräber, die womöglich die noch nicht entdeckte Krypta des Tempels gefunden haben und die Schätze rauben wollen. Ullershaw schleicht ihnen nach in den Tempel und erblickt eine höchst seltsame Szene: Auf dem Altar des Tempels steht ein kleines Licht und davor sieht er zwei Frauen, von denen die eine die ihm wohlbekannte alte Bakhita ist. Ihre Gefährtin ist aber eine märchenhaft schöne junge Frau, die eines jener hauchdünnen und durchsichtigen Gewänder angelegt hat, die man auf einigen altägyptischen Wandmalereien sehen kann, und auf der Stirn trägt sie den Uräus! Rupert erinnert sich, dass dieses magische Zeichen nur Götterfiguren, insbesondere die Isis und den Horus, zierte, und dass im alten Ägypten nur Personen von königlichem Geblüt diese das Böse abwehrende Schlange tragen durften. Er hat also eine späte Nachfahrin der Pharaonen vor sich, die an dem Altar einen geheimen Opferritus vollziehen will. Da schreckt ein Geräusch die beiden Frauen auf, und Bakhita hat sogleich ein Messer in der Hand! Sie ist aber sofort beruhigt, als sie unter der Verkleidung den ihr bekannten und wohlgesonnenen „Rupert Bey" erkennt.

Die verschreckte junge Frau, die immer noch ein Glasgefäß für ihre Opferspende in der Hand hält, verschüttet die Flüssigkeit, die doch den alten Göttern zugedacht war, und benetzt damit die Füße von Ullershaw. Sie machen noch Scherze: ob nicht am Ende die alten Götter eifersüchtig werden könnten. Das Scherzen wird bald aufhören.

Nun erfährt Rupert den Grund für das nächtliche Opfer. Die junge Frau befinde sich in höchster Gefahr. Sie sei die Nichte der alten Bakhita und die Herrin jener geheimnisvollen Oase in der westlichen Wüste, die noch kein Europäer gesehen habe, und in der auch der große Tempel stehe, von dem Rupert gehört hat.

Die kluge alte Frau weiß natürlich längst von der Mission Ullershaws, die ihn in den Sudan führen soll. Sie bittet Rupert um die Erlaubnis, sich seiner Karawane mit ihren eigenen Reittieren und zwei Dienern anschließen zu dürfen bis zu dem Punkt, da ihr eigener Weg nach Westen abbiegt. Sie erklärt auch den Grund ihrer Besorgnis: der schon übel bekannte Scheich Ibrahim habe die junge Mea, denn das ist ihr Name, unglücklicherweise einmal unverschleiert gesehen und begehre sie seitdem für seinen Harem. Er habe sich nicht mit der Werbung begnügt, sondern sogar versucht, sie in Luxor gewaltsam zu entführen, wo Mea eine Missionsschule besucht habe. Nun möchte sie zu ihrem Volk in der Wüste zurückkehren, aber der Weg führt durch das Gebiet eben jenes gefährlichen Verfolgers.

Wie soll nun der ritterliche Engländer auf diese Bitte reagieren? Er sagt sofort zu, und, als die junge Frau zurückschreckt, weil sie ihn nicht in eine zusätzliche Gefahr bringen möchte, lädt er selbst eifrig die beiden Frauen ein, mit dem Argument, die Anwesenheit von Frauen unterstreiche den zivilen Charakter seiner Karawane, käme mithin ihm selbst zugute. Da verabreden sie sich also, am nächsten Abend mit dem Mondaufgang aufzubrechen. So zieht die kleine Karawane bis in den Herrschaftsbereich des Scheichs Ibrahim, und kurz nach ihrem Aufbruch haben sie alle zusammen die Erscheinung der fünf geheimnisvollen Musiker. Auch Bakhita meint, ihr Auftreten verheiße Unheil.

Die Karawane zieht nach Süden bis zu dem vorbezeichneten Punkt, wo der Weg der beiden Frauen abzweigt. Sie verabschieden sich und schicken einen ihrer Begleiter voraus, damit er schnell noch Hilfe herbeiholen soll. Das kann aber, bei der Entfernung bis zu ihrer Oase, noch einige Tage dauern.

Während Ullershaw und seine Truppe in einer felsigen Schlucht Rast macht, zeigt sich auch schon der erwartete Feind. Rupert geht ihm entgegen, aber der erkennt ihn natürlich sofort. Es entspinnt sich eine Verhandlung, in der bald Drohungen ausgestoßen werden: Ibrahim verbittet sich das Eindringen in sein Gebiet und er beansprucht die mitgeführten Waren. Vor allem aber fragt er nach den beiden Frauen. Rupert entgegnet ihm, die müsse er in der Wüste suchen, denn sie seien nicht mehr in seiner Nähe. Der Scheich glaubt aber, sie seien noch dort versteckt, und so kommt es zu einem ersten Schusswechsel mit Toten auf beiden Seiten.

Die Angreifer ziehen sich kurz zurück, und Rupert hält Rat mit seinen Leuten. Er stellt es ihnen frei, sich dem Scheich zu ergeben, um ihr Leben zu retten, oder sich zurückzuziehen. Diese Möglichkeit hat sein Korporal Abdullah offensichtlich schon ergriffen. Die treuen Sudanesen wollen aber bei ihm bleiben, und so kommt es dann bald zu einem heftigen Kampf, in dem die kleine Truppe der Übermacht der Angreifer unterliegen muss, zumal es ihnen an Wasser fehlt. Sie können zwar noch etliche der Angreifer töten, aber zum Schluss muss sich der Rest doch ergeben. Ibrahim lässt alle umbringen bis auf Ullershaw. Auch dem verspricht er Gnade, wenn er sich zum Islam bekennt. Das verweigert der Held. Nun bricht die Wut des Scheichs über sein Haupt herein, und es kommt zu einer furchtbaren Szene. (Nebenbei, man hat Rider Haggard gelegentlich den Vorwurf gemacht, dass in seinen Romanen so außerordentlich grausame Szenen vorkämen. Er hat sich gerechtfertigt: Afrika sei nun einmal so grausam. Er ist bis heute nicht widerlegt.)

Umständlich wird das fürchterliche Geschehen vorbereitet. Einer der Araber macht eine Speerspitze im Feuer glühend, und ein anderer, der als Metzger vorgestellt wird, schärft sein Schwert. Nun erfüllt die Furcht auch den bisher unerschrockenen Helden: Den Tod fürchtet er nicht, aber Verstümmelung! Ebendieses widerfährt ihm aber: Der schreckliche Metzger-Henker trennt ihm den rechten Fuß ab, und der andere stößt ihm die Speerspitze ins linke Auge. Der furchtbare Ibrahim macht einen letzten Versuch, ihm ein Bekenntnis zum Islam abzupressen – da sieht Ullershaw mit dem Rest der ihm verbliebenen Sehkraft, wie eine Truppe von Stammeskriegern heransprengt, an der Spitze eine lanzenschwingende junge Frau.

In ein paar Minuten ist alles vorbei. Die Araber sind zusammengehauen, und wer noch lebt, wird abgetan. Mea, denn sie ist die junge Rächerin, wütet wie eine Rachegöttin gegen die Feinde: Haggard nennt sie eine Walküre. Sie lässt nun auch dem Scheich Ibrahim die Gliedmaßen abhacken und ihn zusammen mit den Leichen seiner Krieger an einem großen Dornenbaum aufhängen.

Soweit der Bericht über die erste Hälfte des Romans „The Way of the Spirit". Die zweite Hälfte muss wesentlich kürzer dargestellt werden, obwohl damit manche erzählerischen Feinheiten verloren gehen.

Als Rupert Ullershaw aus seiner Ohnmacht erwacht, findet er sich in einem Haus in der Pflege seiner Retterin Mea und der heilkundigen alten Bakhita. Dank ihrer Bemühungen hat er zwar überlebt, aber seine Rolle als kriegerischer Held ist beendet. Er hat zwar die geheimnisvolle Oase Tama erreicht, über die Mea wie eine Königin herrscht, aber in welchem Zustand. Der Weg nach Westen hat ihn in das Totenreich der alten Ägypter gebracht, und für seine englische Heimat ist er auch tot. Langsam, mit beginnender Erholung, erwacht er zu einem neuen Lebensabschnitt, ja recht eigentlich zu einem neuen Leben.

Ein schwieriges Problem ist dabei das Verhältnis zu seiner Retterin. Rupert bemerkt bald, dass sie ihn nicht nur hingebungsvoll pflegt und mit großer Zartheit, sondern mit nicht zu verkennender Zärtlichkeit. Hier muss er Grenzen setzen. So erklärt er Mea, dass er sich durch seine Eheschließung gebunden hat und auch nicht, was die Orientalin zunächst vorschlägt, sie als eine zweite Frau hinzunehmen kann. Ullershaw erklärt ihr geduldig und bestimmt den Unterschied zwischen östlicher und westlicher Auffassung, und zuletzt findet sie sich damit ab, dass er ihr wohl Freund und Bruder sein kann, aber nicht Ehepartner.

Damit ist das bei Rider Haggard auch sonst behandelte Motiv des Mannes angesprochen, der sich zwischen zwei Frauen zu entscheiden hat, hier noch dadurch verschärft, dass eine Pflicht gegen eine andere steht: die Ehe, obwohl nicht gelebt und vollzogen, gegen die Pflicht der Dankbarkeit, ja der Verehrung für die ägyptische Prinzessin, denn als solche darf man sie ansehen.

Der Versuch, seinen Vorgesetzten eine Nachricht zu schicken, scheitert mehrfach, weil das Land im Aufruhr ist. Aus demselben Grunde wäre auch eine Reise zu gefährlich. Da eröffnet sich doch noch eine Aussicht, im Schutze einer größeren Karawane von Mekkapilgern, zu einem Hafen am Roten Meer zu gelangen, und Ullershaw entschließt sich dazu, obwohl er längst schon mit allen Fasern an Mea und ihrem Wüstenreich hängt.

Am Vorabend der Abreise erlebt er wieder eine eindrucksvolle Szene in dem alten Tempel: Dessen obere Teile sind zwar teilweise schon abgetragen und auch als Baumaterial verwendet worden, eine große Krypta ist aber erhalten. Es finden sich darin die Sarkophage eines vergessenen Zweiges der altägyptischen Pharaonendynastien, die in der Abgeschiedenheit der Wüste überdauert haben und deren letzte Vertreterin Mea ist. Rupert erblickt sie, wie sie zusammen mit der alten Magierin Bakhita am Rande eines großen Wasserbeckens in der Krypta steht, das offenbar zwei verschiedenen Zwecken diente, einem profanen als

Regenwasserspeicher und einem sakralen: über dieses Wasser wurden anscheinend die toten Könige auf einer Totenbarke zu ihrer Ruhestätte auf der Westseite des Raumes geleitet, wo nach der Überlieferung der Ort der Toten ist.

Rupert sieht nun, wie Mea ein kleines Schiff mit einem Segel und einem flackernden Licht darauf auf der Wasseroberfläche schwimmen lässt. Es trägt auch eine besondere Last: den abgetrennten Fuß Ruperts, den Bakhita mitgenommen und wie eine Mumie eingehüllt hat. Mit einem kleinen Stoß fährt das Schifflein in die Mitte der Wasserfläche und verharrt dort eine Weile. Dann fährt ein leichter Luftzug in das Segel. Er lässt das Licht verlöschen, aber die Totenbarke wird ans Ufer zurück getrieben, wo Mea ihre Fracht an sich presst.

Die ganze Zeremonie ist also als Orakel zu denken: ob Ullershaw wohl zurückkehrt. Sein Fuß stellt dabei als pars pro toto den ganzen Menschen dar. Soweit ist das Ergebnis für die liebende Mea beglückend; aber das ausgelöschte Licht wird doch so gedeutet, das Rupert hier sterben wird.

Er bricht also mit der Karawane auf und findet ein Schiff, das ihn nach Suez bringt. An Bord liest er in einer alten Zeitung, dass seine gescheiterte Mission sogar zu einer Debatte im Unterhaus geführt hat, in der u.a. der Verlust von 2.000 Pfund beklagt wird, und sein Handeln gröblich verkannt, ja sogar hämisch entstellt wird, zumal was seine Beziehung zu den beiden einheimischen Frauen angeht, denen er seinen Schutz gegeben hatte.

Unter diesen Umständen möchte Ullershaw nicht die Vorgesetzten in Kairo aufsuchen, die von seinem geflohenen Soldaten Abdullah völlig entstellte Berichte bekommen haben, sondern er reist gleich nach England weiter. Der Autor wendet seine ganze Kunst der Stimmungsmalerei auf, um die traurige Rückkehr des gescheiterten Helden zu schildern.

Da kommt nun alles Negative zusammen: Das schäbige Schiff, der triste Nebel bei der Ankunft, die zusammengestoppelte Kleidung Ullershaws, die ihn wie einen Bettler erscheinen lässt und zuletzt die

Einsicht, dass er für die Heimat tot ist. Gestorben ist auch seine alte Mutter; kurz vor seiner Ankunft hat man sie begraben. Seine Frau Edith lebt nicht mehr in ihrem Haus, sondern eine Fremde. Rupert bekommt aber ihre neue Adresse und sucht sie auf. Sie sieht ihn entgeistert an und ist entsetzt über seine Erscheinung: die schäbige Garderobe, den vernachlässigten Bart und vor allem seine Erscheinung als Krüppel mit böse entstelltem Gesicht. Das ist es, vor dem Edith seit je einen besonderen Abscheu hat, und sie sagt es ihm unumwunden. Die lange und traurige Unterredung endet in der Aufforderung: Du bist als tot gemeldet, nun bleib gefälligst auch tot!

Da nimmt Ullershaw seine Krücke und zieht davon, ohne zu wissen, wohin. Gewohnheitsmäßig will er sich zu seinem Offiziersclub begeben, aber am Eingang stößt er mit einem schlechtgelaunten General zusammen, der ihm ein Sixpencestück in die Hand drückt. So weit ist es also mit ihm gekommen. Da wendet er sich ab und verschwindet ins Dunkel. Er findet sich schließlich mit verzweifelten Gedanken am Flussufer und möchte diesem Leben ein Ende machen.

Da erscheint ihm wie in einer Vision das Antlitz seiner Retterin Mea, und er weiß, wo nun sein Ort ist. Zunächst sucht er ein billiges Speiselokal auf, wo er sich etwas stärkt. Das bringt die Energien zurück. Dann besorgt er sich eine Zeitung und studiert die Abfahrtspläne der Schiffe in Richtung Ägypten. Er hat Glück: Wenn er sich sofort in den Zug nach Plymouth setzt, kann er mit einem Kohlenfrachter nach Ägypten kommen. Er bucht die billigste Kabine, denn seine Mittel sind schon sehr zusammengeschrumpft.

Man beachte dabei die Symbolik des Kohlen transportierenden Schiffs: Die Kohle steht für die Nigredo, die erste Stufe des Opus. Auch solche Feinheiten kann man bei Rider Haggard finden, die natürlich nicht bewusst eingeplant sind.

Inzwischen wartet Mea voller Ungeduld. Schließlich hält sie die Ungewissheit nicht mehr aus und zieht mit einer Eskorte in die Wüste. Tagelang wartet sie dort und sucht den Horizont ab, bis am Ende ein einzelner Reiter auf einem fast lahmen Kamel näherkommt.

Es ist Rupert, und er wird wie der heimkommende Odysseus zuerst von seinem Hund erkannt, den ihm Mea als Führer in der Zeit seiner völligen Erblindung gegeben hat, und dann wird er im Triumph in die Oase zurückgeleitet.

Hier hätte nun ein trivialer Autor das Happy ending gesetzt. Nicht so Haggard; bei ihm beginnt der Held einen ganz neuen und unerwarteten Lebensabschnitt. Natürlich hofft die junge Pharaonennachfahrin jetzt auf die Besiegelung ihrer Partnerschaft. Aber für Ullershaw besteht das alte Eheband immer noch. Schließlich sieht es auch Mea ein, und es bildet sich eine merkwürdige Zweisamkeit, die zwar auf dem Verzicht aufgebaut ist, die aber dennoch für beide beglückend ist.

Die Stammesältesten wollen natürlich auch ihre junge Herrin mit dem verehrten Rupert verheiratet sehen und möchten ihnen ein großes Fest ausrichten. Sie wenden sich vertraulich an die alte Bakhita, die ihnen die Zusammenhänge erklärt, obwohl sie persönlich den Helden Rupert für einen ausgemachten Narren hält. Aber am Ende bringen sie Verständnis auf, und Rupert erhält den Ehrentitel eines Zahed, eines Entsagenden, und sie schätzen ihn nun als Heiligen umso höher.

Mea und Rupert regieren das kleine Wüstenreich zusammen wie ein Pharao und seine Schwester-Gattin, nur dass in diesem Falle wirklich ein „Geschwisterverhältnis" vorliegt. Rupert kann alle seine Kenntnisse verwenden, um die Wüstenstadt zu einem blühenden Gemeinwesen zu machen: Er verbessert die Landwirtschaft, fördert die Zucht von Pferden und Kamelen, baut Befestigungsanlagen, die den Ort praktisch uneinnehmbar machen, und er behandelt sogar mit Erfolg Kranke und Verletzte.

Beide sprechen Recht mit Weisheit und Gerechtigkeitssinn, und die Abende widmen sie gemeinsamen Studien der ägyptischen Kultur und der Religionsgeschichte. Auch hier noch könnte das Märchen glücklich enden.

Es bleibt aber immer noch die alte europäische Heimat, die die neugewonnene orientalische Idylle nicht in Ruhe lassen kann. Da ist Edith, die in all den Jahren dem Drängen des Rivalen Dick Learmer nicht nachgibt, obwohl sie nicht von ihm loskommt. Von Devene zur Rede gestellt, bekennt sie hellsichtig, dass sie Learmer zwar verachtet, dass da aber dennoch etwas in ihr ist, dass von ihm angezogen wird, während sie umgekehrt ihren verschwundenen Ehemann immer mehr hochschätzt, aber sich doch von ihm abgestoßen fühlt, und das nicht nur wegen seiner Entstellung.

Dann hat Lord Devene allerlei Gerüchte gehört, dass sein Verwandter Ullershaw am Ende doch noch am Leben sein könnte. Er möchte Klarheit darüber, denn es geht ihm auch darum, sein Haus zu bestellen und zu wissen, wer am Ende seinen Besitz und seinen Titel erben wird. So spricht er schließlich Lord Southwick darauf an; in seinem Club, wo sonst könnten Gentlemen zugleich unverbindlich und vertraulich miteinander reden. Er erfährt manches, was ihn hellhörig macht. So soll im fernen Sudan in einer Oase der Wohlstand eingekehrt sein, nachdem dort ein Europäer regiere.

Dann soll der einzige Zeuge, der von Ruperts Tod berichtet hatte, der schon bekannte ägyptische Sergeant Abdullah, seinerseits vor kurzem an einer Verwundung gestorben sein. Zuvor habe er aber noch sein Gewissen erleichtert und gestanden, dass er damals die Unwahrheit gesagt hat: er habe sich vor dem Kampf aus dem Staube gemacht und Rupert Ullershaw eben nicht fallen sehen. Dann gibt es noch ein kurioses Detail: Im Ministerium ist die Überweisung von 2.000 Pfund eingegangen mit der Nachricht, der ungenannt bleibende Auftraggeber wolle der Regierung ihren durch eine unglückliche Aktion entstandenen finanziellen Verlust ersetzen. Die Nachforschung habe lediglich ergeben, dass ein Bankhaus von seiner Niederlassung in Ägypten den Auftrag erhalten habe.

Da sind sich Devene und Southwick einig: ein solches Handeln passt nur zu dem als eine Art Don Quijote bekannten Ullershaw.

Am Ende drängt Lord Devene seine Verwandte, die Witwe und Nicht-Witwe Edith, sich Klarheit zu verschaffen. Sie beauftragt ein Anwaltsbüro mit Nachforschungen und findet bestätigt, dass in jener Oase tatsächlich ein geheimnisvoller Europäer lebe und herrsche, der einmal ein englischer Offizier gewesen sein soll. Es kommen dann Ereignisse in der Heimat hinzu, die Edith zum Handeln zwingen: Lord Devene hat am Ende doch noch einen Sohn bekommen, aber nach ein paar Jahren wieder durch eine plötzliche Gehirnerkrankung verloren, also offensichtlich durch Hirnhautentzündung, was damals – und vielleicht auch heute noch – ein Todesurteil war. Dieser Verlust hat den Lord endgültig gebrochen. Als er in einem langen Gespräch Edith eröffnet, dass er ihr Vater ist, und sie darauf sehr herzlos reagiert, gibt ihm das den Rest. Kurz darauf berichten die Zeitungen von einem neuen tragischen Unfall im Hause des Lords und erinnern an seine erste Frau, Clara: Auch der Lord hat das Schlafmittel, das er gewohnheitsmäßig einnimmt, überdosiert. Ein Brief an Edith und ein beigelegtes Schreiben an Rupert gibt darüber jeden Aufschluss.

Nun kann Edith nicht mehr zurück. Sie muss aber nicht allein reisen, denn die Witwe von Lord Devene, jene leicht komische, aber dann auch wieder sehr einsichtsvoll geschilderte deutschstämmige Dame Tabitha, schließt sich ihr an. (Nebenbei: soll der Leser zufolge der Vokale a-i-a in den Namen der orientalischen Bakhita und der westlichen Tabitha eine Parallele erkennen?) Der Name kommt in der Apostelgeschichte vor: „In Joppe lebte eine Jüngerin namens Tabita, das heißt übersetzt: Gazelle. Sie tat viele gute Werke und gab reichlich Almosen (Apg 9,36). So schildert der Autor auch seine Tabitha im Roman, wenn man einmal von der Gazellenhaftigkeit absieht.

Die beiden Damen reisen also nach Ägypten, aber in Marseille treffen sie auf Dick Learmer, der das gleiche Ziel hat. Er erklärt, dass es schließlich um ein immenses Erbe und den Titel gehe, und dass seine Interessen auch auf dem Spiele stünden. So schließt er sich ihnen mit eigenem Gefolge und einem Dolmetscher an, wird aber von Edith auf Distanz gehalten. Der Leser ahnt nichts Gutes; denn der immer wieder als skrupellos geschilderte Learmer wird wohl die äußersten Mittel anwenden, um sich das Erbe zu sichern. So kommt es denn zum Showdown in der Oase Tama:

Die Reisegesellschaft trifft gerade ein, als Rupert seine monatliche Ansprache an sein kleines Volk hält; man könnte auch sagen, eine Predigt. Diesmal hat er einen Rechtsstreit zu lösen und auch über einen Selbstmord zu sprechen. Er schildert seinen atemlos lauschenden Zuhörern sein eigenes Erleben, als er von seiner Ehefrau zurückgewiesen, sich in äußerster Verzweiflung am Themse-Ufer befunden hat, und wie eine erlösende Vision ihn schließlich in diese Oase zurückgerufen hat. Das alles wird von dem Dolmetscher Satz für Satz übersetzt, und Edith leidet Qualen der Reue.

Es kommt zur Begegnung der beiden Frauen: Mea bleibt die vollendet höfliche Gastgeberin, und Rupert äußert sich nicht. Als Edith ihn bedrängt und an sein Pflichtgefühl erinnert, wird er völlig ratlos. Er schiebt die Entscheidung zunächst um einen Monat auf und hofft inständig, dass der Himmel mit irgendeinem Zeichen ihm die Entscheidung abnimmt, denn seine königliche Schwester Mea hält sich strikt neutral und hilft ihm auch nicht in dem Zwiespalt.

Die Zeit vergeht, und Edith lernt inzwischen kennen, wie Rupert hier lebt, und was er für die Menschen geleistet hat. Auch verkennt sie nicht seine starke Bindung an Mea. In den letzten Tagen der selbstgesetzten Frist macht Rupert schließlich sein Testament und vertraut es der weisen alten Bakhita an. Da greift tatsächlich der Himmel ein, aber anders als jeder erwartet hatte. Sein Werkzeug ist der nichtswürdige Dick Learmer. Er hat, und das wohlverdient, einen Schlag von Rupert erhalten, und nun sinnt er auf Rache. Auch hat er das Erbe nicht vergessen. Selbst Hand anzulegen, hält er für zu riskant.

Es ergibt sich eine Gelegenheit: Ein Araber aus seiner Begleitung wird krank, und er, der sogar über einige medizinische Kenntnis verfügt, denn er hat vor seinem Jurastudium etwas in dieses Fach hineingerochen, erkennt die Symptome: es ist die Pest. Da schreibt er scheinheilig ein paar Zeilen an Rupert, dieser möge sich um den Kranken kümmern, und geht selber auf einen Jagdausflug. So kommt, was kommen sollte: Rupert steckt sich an und stirbt in wenigen Tagen. Mea küsst den Toten und streckt sich neben ihm auf dem Totenbett aus. Sie ist längst auch infiziert und folgt ihrem nun im Tode angetrauten Gatten in kurzer Frist. Damit ist ihr königliches Geschlecht erloschen, und der Held ist zuletzt mit seiner weiblichen Hälfte zur Ganzheit vereint.

Es bleibt dem Leser überlassen, sich die Folgen in seiner Phantasie zu ergänzen. Das Erbe in England, also der ganze Reichtum, der aus Brauereien und Schnapsläden entstanden ist, wird seinen würdigen Besitzer finden, und Edith, die nach dem Wort ihres Vaters weiß, auf welcher Seite ihr Brot gebuttert ist, wird wohl zuletzt doch noch dem Schurken zufallen. Bleibt am Ende die brave Tabitha, die zuletzt noch Rupert in seinem Dienst an den Kranken unterstützt hat. Sie wird womöglich in der Oase bleiben und das menschenfreundliche Werk Ruperts fortführen. Aber das alles malt Rider Haggard nicht mehr aus und überlässt es dem Leser. Wenn es ein Fazit gibt, dann dieses: der Westen, hier vertreten durch einen heruntergekommenen Erbschleicher, hat sich als das wahre Land des Todes erwiesen. Die alten Ägypter, die immer mit Bangen die Sonne im Westen bei ihrem Untergang beobachtet haben, behalten am Ende Recht. Die Begegnung des Ostens mit dem Westen endet in seinem Untergang.

Lassen Sie mich zum Schluss noch einmal auf die wohl grausamste Szene des Romans zurückkommen. Sie steht genau in der Mitte des Buches und ist als die Schlüsselszene des ganzen Werkes anzusehen. Die furchtbaren Verstümmelungen, die dem Helden zugefügt werden, sind eben nicht nur Ausdruck der irrationalen Grausamkeit Afrikas, sondern sie folgen literarischen Mustern. Die Vorbilder sind hier, wie in vielen Fällen bei Rider Haggard, in der Bibel zu suchen, genauer in der aus möglicherweise sogar authentischen Jesusworten kompilierten Bergpredigt. Da heißt es bei Markus: „Wenn dich dein Fuß ärgert, dann hau ihn ab; es ist besser für dich, verstümmelt in das Leben zu gelangen, als mit zwei Füßen in die Hölle geworfen zu werden" (Mk 9,45). (Die Vokabel „Ärgern" steht dabei für skandalizein = zur Sünde verführen). Ebenso über das Auge: „Wenn dich dein Auge ärgert, reiß es aus und wirf es von dir; es ist besser für dich, einäugig in das Reich Gottes zu kommen als mit zwei Augen in die Hölle geworfen zu werden" (Mk 9,47; Vgl. Mt 5,99).

Worin besteht nun das Ärgernis? Wir erinnern uns an das Vorange-
gangene. Ullershaw hat in dem Tempel von Abu Simbel ein Schauspiel
erblickt, das nicht für ihn bestimmt war: die Pharaonenprinzessin, die
in ihrem durchsichtigen Gewand den alten Göttern opfert. Wenn also
die danach über seinen Fuß geschüttete Opfergabe und der Gedanke
an die Eifersucht der alten Götter noch als Scherz abgetan werden, so
ist die Versuchung doch real. Ein solcher Anblick kann schon in einem
ästhetisch und mönchisch lebenden jungen Soldaten eine zumindest
flüchtige sündhafte Regung hervorrufen.

Erinnert sei auch daran, dass „Fuß" im Hebräischen natürlich der
Körperteil ist, „Füße", raglajim, dient dagegen oft als verhüllende
Bezeichnung für das Geschlecht. Die Amputation des Fußes ist damit
eine symbolische Kastration.

Das führt sogleich zu der weiterreichenden Überlegung über die
Rolle der Tugenden überhaupt. Dazu ist eine Bemerkung von Arno
Schmidt aufschlussreich, die dieser im Zusammenhang mit einem
anderen Autor der Epoche gemacht hat: gemeint ist Wilkie Collins. Da
heißt es in seinem Funk-Essay „Der Titel aller Titel": „damals musste ein
Autor halt, hell-angestrahlt in Bühnen-Mitte, 2 Menschen-Atrappen
hinstellen, die süß-unbeholfen Händ' und Füß' umeinanderlegen: als
Alibi! Das wirklich Wichtige aber spielt sich in, beziehungsweise dicht
vor der Culisse ab. Sind doch dort angeblich nur Statisten-Comparsen
am Werk; zum Teil ausdrücklich als Bösewichter & -Wichtinnen dekla-
riert. (…) Durch das chemisch gereinigte Haupt-Paar in Vordergrunds
Mitten, wird das ‚Über-Ich' des Lesers auf's respektabelste beruhigt;
so dass dann im breiten Rahmen-Werk allerlei Schalkisches vor sich
gehen darf (…)". Daraus „ergibt sich der Satz: ‚Im Victorianischen
Roman sind die Neben-Figuren immer die Haupt-Figuren'". (A. Sch.,
„Der Triton mit dem Sonnenschirm. Großbritannische Gemüts-Erget-
zungen." Karlsruhe 1969, 1971, S. 174 f.)

Dabei kann man durchaus auch an die Personen des Romans denken,
die uns hier beschäftigen. Rupert Ullershaw und seine orientalische
Schwester-Gefährtin bilden das untadelige Heldenpaar im Rampen-

licht. Daneben gibt es aber höchst interessante Gestalten, die nicht nur Nebenfiguren sind. Erwähnt wurde schon die eigenartige Doppelgestalt der beiden weisen alten Frauen: Bakhita und Tabitha. Dann ist da das Paar der Bösewichter Edith und Dick Learmer. (Wie klingt übrigens der Name Dick für angelsächsische Ohren? Dazu fällt einem sogleich der noch wohlbekannte „Tricky Dick" ein, ein einschlägig belasteter ehemaliger Präsident.)

Dann könnte man auch grundsätzlich nach der Rolle der Sexualität in diesem Roman wie in ähnlichen des Genres fragen. Sie ist nämlich durchaus präsent, wenn auch meist nur in ihren „Ergebnissen": es wimmelt von illegitimer Nachkommenschaft und auch von Ehebruch ist die Rede, wenn auch mit gebührender Verwahrung. So ist das Böse also der Weg des Fleisches, vor dem Rupert von seiner frommen Mutter gewarnt wird, als reale Gefahr immer anwesend, und diese Gefahr wird nach der verengten traditionellen Moral vornehmlich im Bereich des Geschlechtlichen gesehen.

Das ist nun im ganzen Roman immer als gegenwärtig zu denken; nur die Darstellungsform ist anders als heute gewohnt. Aber soll man darum von Verdrängung reden? Dem erwachsenen Leser genügen die zahlreichen Hinweise, um ihn ins Bild zu setzen, und mehr braucht es doch in einem solchen Kunstwerk nicht.

Die Darstellungsweise des so gefährlichen Bereichs erinnert an den bekannten „Botenbericht" der griechischen Tragödie. Auch dort finden Mord und Totschlag, Inzest und andere Gräuel nicht auf offener Bühne statt, sondern werden durch einen Bericht dem Zuschauer zur Kenntnis gebracht. Ist das nicht vielleicht sogar die künstlerisch bessere Darstellungsform, als stets und ständig mit Blut, Sperma und Fäkalien zu agieren, wie das heutige Roman- und Theaterautoren zu tun belieben?

Wir sehen damit, wie nicht nur die Problematik des Ostens und des Westens und deren Unvereinbarkeit diesen und andere Romane von Rider Haggard interessant macht. Das könnte man noch weitgehend als ein Problem des untergegangenen britischen Weltreiches und des Umgangs mit seinen Kolonien verbuchen. Die allgemeinere seelische

Problematik, insbesondere die Frage nach der Anima, auf die Jung in Zusammenhang mit Rider Haggard hingewiesen hat, hat nichts von ihrer Bedeutung verloren.

Zu fragen wäre auch, wo eigentlich der Autor selbst in seinem Werk anwesend ist. Dass der strahlende Held Ullershaw teilweise eine Projektion seines idealen Selbst ist, wurde schon erwähnt; er gibt ihm auch, nur leicht verschleiert, das eigene Geburtsjahr. Das kann der Leser sich ausrechnen. Dann aber scheint er mit seinen sarkastischen und zynischen und oft gefährlich ketzerischen Aussprüchen, die aber immer genau den empfindlichen Punkt treffen, auch das Sprachrohr des Autors zu sein. Das muss natürlich erst recht versteckt werden, aber es ist auch durch seinen sprechenden Namen angedeutet (Devene: das klingt doch nach devil!), dass er in diesem Drama die Rolle des Mephisto übernommen hat, und zwar genau in dem Sinne, wie bei unserem Dichter.

Hermann Hesse
„Das Wahre ist das Ganze"
Annäherungen an das „Glasperlenspiel"

„Neben Goethes ‚Wilhelm Meister' und Kellers ‚Grünem Heinrich'
ist der ‚Nachsommer' von unsern großen Bildungsromanen der dritte;
einen vierten gibt es nicht". So bestimmt urteilte der seinerzeit berühmte
Kritiker Josef Hofmiller in einem nachgelassenen Essay über Stifter.
Wie aber wäre sein Urteil ausgefallen, wenn er nicht schon Ende 1933
gestorben wäre, sondern das Erscheinen von Hermann Hesses großem
Roman „Das Glasperlenspiel" im Jahre 1943 noch erlebt hätte? (Josef
Hofmiller, Letzte Versuche. München-Berlin-Zürich 1934, S. 10).
   Wir können jedenfalls Hesses Werk in einer ersten Annäherung
ebenfalls als Entwicklungs- oder Bildungsroman bezeichnen; und ob er
mit den drei anderen, von Hofmiller genannten, auch gleichen Ranges
ist, brauchen wir nicht zu entscheiden. Aber hören wir den angeführten
Text weiter: „Denn darum ist der ‚Nachsommer' so zauberhaft entrückt:
er ist wohl das Abbild der erreichten Bildung eines Einzelnen, eines
kleinen Kreises, einer glücklichen Zeit, das letzte vornehme Idyll, das
wir Deutsche besitzen, aber ist dies Bild nicht fast wehtuend ins Voll-
kommene entrückt, in ein philosophisches Utopien ohne die Möglichkeit eines Konflikts, schlackenlos, staublos, beinahe körperlos?" (ebd.).
Fast jedes Wort dieser Charakterisierung von Stifters Roman aus dem
Jahre 1857 könnte auch auf das Werk Hesses zutreffen.
   Im „Handbuch der deutschen Gegenwartsliteratur" von
Hermann Kunisch aus dem Jahre 1969 findet sich diese Zusammenfassung: „Hesses letzter Roman, ‚Das Glasperlenspiel' (2 Bde.
1843) ist die große Summe seines Lebens. In einem utopischen
Ordensstaat werden aus den Fragmenten der zerstörten Gegen-
wart von einem Kreis disziplinierter Menschen, die sich um den
Meister Josef Knecht gesammelt haben, die universalen Werte

des Geistes bewahrt. Im Glasperlenspiel, einer höchsten Form der geistigen Kombinatorik und Meditation, in der sich Musik, Mathematik, alle Künste und Wissenschaften verbinden, wird die immer bewegliche, kaum noch greifbare, aber verpflichtende Funktion der Ordnung symbolisch gestaltet." (Bd. I. München 1969, S. 301). Auch in diesem Beitrag wird, obzwar sehr von außen gesehen, durchaus Zutreffendes über das Werk gesagt.

Wir können sogar das Stichwort des Utopischen aufgreifen und überlegen, mit welchen anderen Büchern derselben Jahre das Glasperlenspiel vergleichbar sein könnte. Da wären etwa Franz Werfels „Stern der Ungeborenen" von 1946 zu nennen, Hermann Kasack, „Die Stadt hinter dem Strom" von 1947 und Ernst Jüngers „Heliopolis", das 1949 erschienen ist. Das sind gleichfalls literarische Werke, die nach dem Zusammenbruch der europäischen Kultur im Zweiten Weltkrieg in den Jahren des Kriegsendes, wie bei Werfel, oder in der Zeit danach, wie bei den beiden anderen Autoren, einen Neuaufbau in einer utopischen Welt in der näheren oder ferneren Zukunft unternehmen.

Man kann auch nicht behaupten, dass Hesses Kultur- und Friedensutopie durchweg beifällig aufgenommen worden wäre. Als ich überhaupt zum ersten Mal davon gehört habe, nannte es mein sehr geschätzter Deutschlehrer, der sonst über ein gutes Urteil verfügte, ein „verboses Alterswerk".

Aber auch ein Germanist vom Fach, Hermann Boeschenstein, zeigt sich wenig begeistert: „die Zerdehnung des mystischen Zusammenfassens in einem Jahrelangen Lehrgang wirkt ermüdend, trotz der glänzenden Sprachkunst, die Hesse dafür aufbringt, und der Abzug des Weltgehaltes auf Chiffren, die nie recht aufleuchten wollen, muss schließlich langweilen." (Deutsche Gefühlskultur Bd. II. Bern 1966, S. 314).

Von sichtbarer Gereiztheit zeugen schließlich noch diese Sätze: „Die feinen geistigen Züge und alle möglichen Modulationen der Heiterkeit sind wohl noch nie so klar und reichhaltig beschrieben worden, jedoch die epische Substanz, in der sie eingebettet liegt, diese Meister und

Schüler, die sich gegenseitig mit Heiterkeit bestrahlen, will sich nicht in Leben umsetzen. Man wünscht sich, dass diese lächelnden Buddhastatuen in Trab gebracht und dem Wetter des Daseins ausgesetzt würden" (a. a. O, S. 314 f.).

Es bedarf keiner besonderen Unfreundlichkeit, um dieses Werk in dieser Weise aufzufassen. Wenn jemand die erzählerischen Grundannahmen, die Hesse voraussetzt, nicht mitmachen will, kann man ihn nicht dazu überreden. Was hier gefordert ist, hat Umberto Eco so ausgedrückt: „Die Grundregel der Auseinandersetzung mit einem erzählenden Werk ist, dass der Leser stillschweigend einen Fiktionsvertrag mit dem Autor schließen muss, der das beinhaltet, was Coleridge „the willig suspension of disbelief", die willentliche Aussetzung der Ungläubigkeit nannte. Der Leser muss wissen, dass das, was ihm erzählt wird, eine ausgedachte Geschichte ist, ohne darum zu meinen, dass der Autor ihm Lügen erzählt" (Im Wald der Fiktionen. Sechs Streifzüge durch die Literatur. München-Wien 1994, S. 103).

Es lohnt sich, den Gedanken von Umberto Eco noch weiter zu folgen: „In Wahrheit sind die fiktiven Welten zwar Parasiten der wirklichen Welt, aber sie sind de facto ‚kleine Welten', die den größten Teil unserer Kenntnis der wirklichen Welt sozusagen ausklammern und uns erlauben, uns auf eine endliche und geschlossene Welt zu konzentrieren, die der unseren sehr ähnlich, aber ontologisch ärmer ist. Da wir ihre Grenzen nicht überschreiten können, fühlen wir uns gedrängt, sie in der Tiefe zu erforschen" (a. a. O., S. 115); zu nichts anderem möchte ich sie einladen. Eco spricht sogar von einer „therapeutischen Funktion der erzählenden Literatur" (117). Auch das könnte man am „Glasperlenspiel" überprüfen, wobei allerdings beim Leser eine „enzyklopädische Kompetenz" vorausgesetzt wird. Er wird aber für seine Mühe belohnt durch das Versprechen, „dass die fiktionalen Texte unserer metaphysischen Beschränktheit zu Hilfe kommen" (151). Behalten wir das im Auge, wenn wir uns dieser Dichtung nun näher zuwenden.

Zuvor kann aber sogar aus dem abwertenden Urteil von Boeschenstein eine Beobachtung herausgelöst und, freilich ohne abwertenden

Unterton, zum Verständnis des Werkes beitragen. Gemeint ist die von dem Kritiker so abfällig zugestandene „Heiterkeit", die über dem Erzählten schwebt. Mir scheint, dass dieses Wort, zusammen mit einer kleineren Anzahl weiterer, zu den „Grundbegriffen" des Buches gezählt werden kann. Einige weitere waren Musik, Geschichte und schließlich auch der heute so mißtrauisch gebrauchte Begriff der Elite, der jedoch in diesem Werk Hesses eine tragende Rolle einnimmt und den man besonders beachten muss, um das Gemeinte nicht zu verfehlen. Man muss sich auch darauf zunächst einlassen, ohne sogleich mit einem Pawlowschen Reflex abzuwehren.

Diese wenigen Vorbemerkungen lassen ahnen, dass wir es hier mit einem sehr komplexen Werk der Literatur zu tun haben, und, ohne damit einen Autoritätsbeweis führen zu wollen, könnte man auch darauf verweisen, dass es speziell dieses Werk war, das seinem Autor im Jahre 1946 den Nobelpreis für Literatur eingetragen hat.

Der Roman ist derart anspielungs- und beziehungsreich, dass Martin Pfeiffer in seinem Hesse-Kommentar 20 Seiten aufwendet, um all die realen und fiktiven Namen näher zu erläutern (Hesse-Kommentar zu sämtlichen Werken. München 1980, S. 221-241). Das meiste davon ist hilfreich; mancher Eintrag verdient aber ein Fragezeichen, wenn etwa behauptet wird, „der Familienname ist ohne Schwierigkeiten als deutliches Gegenstück zu Goethes Wilhelm Meister erkennbar" (a. a. O., S. 227).

Das aber scheint eher zweifelhaft. Gegenstück zum „Meister" waren die Begriffe des Gesellen oder auch des Lehrlings. Der Knecht gehört nicht in den Umkreis des Handwerks, sondern hat seinen Ort eher auf dem Bauernhof, wenn man nicht an Wortbildungen wie Landsknecht, Kriegs- oder gar Henkersknecht denken will. Man könnte eher bei der papstähnlichen Stellung, die die Hauptfigur des Buches einnimmt, an den Ehrentitel Servus servorum Dei denken, den der Papst führt. Aber noch eher könnte man an den Knecht Gottes des Buches Jesaja denken, was bei der außerordentlichen Bibelkenntnis und -nähe Hesses durchaus nahe liegt. Zu diesem Knecht spricht Jahwe: „Mein Knecht bist du, den ich erwählte und nicht verwarf!" (Jes. 41,9). Dieser Knecht Gottes gilt innerhalb der späteren Theologie als Präfiguration Christi. Ist es so abwegig, auch in der Hauptgestalt des Glasperlenspiels einen messianischen Zug zu entdecken? Ich empfehle also, die Kapitel 40 bis 50, den sog. Deuterojesaja, aufmerksam zu lesen. Vielleicht ergeben sich noch weitere Bezüge. – Um all das entscheiden zu können, bleibt nun nichts als der mühsame Weg einer ganz schulmäßigen Inhaltsangabe, die freilich ohne interpretierende Hinweise unfruchtbar bleiben müßte. Sie soll aber auch nur zu eigener Nachprüfung anregen und die Freude an dem großen Werk nicht verbauen.

Die ersten Gedanken zu diesem Werk entwickelte Hesse bereits im Jahre 1927 (Pfeiffer 221), während die eigentliche Arbeit daran etwa seit 1931 beginnt. Man sieht daraus, dass das Werk nicht erst auf die Katastrophe der Jahre nach 1939 zurückgeht. Wenn wir also bis in das Jahr 1927 zurückgehen, dann ist der Autor in diesem Jahre 40 Jahre alt. Es handelt sich also nicht um ein Alterswerk, sondern um ein Werk der Lebensmitte. Zugleich fällt auf, dass sich in diesem Jahre Hesses zweite Frau Ruth Wenger von ihm getrennt hat. Die Ehe hatte ganze drei Jahre gehalten. Man begreift, dass sich Hesse angesichts dieser für ihn wohl auch schmerzlichen Erfahrung nicht gerade zu einem Eheroman hingezogen fühlte, sondern eher das Gegenbild dazu in seiner Phantasie Gestalt annahm: eine utopische Mönchsgesellschaft, in der das Erotische ausgeblendet ist und nicht einmal am Rande als Versuchung wahrgenommen wird.

Hier bereits beginnen die Zumutungen des „fiktionalen Vertrags", von dem Eco gesprochen hat. Wir müssen dem Autor diese rein männliche Mönchsgesellschaft zunächst einmal zugestehen und die Voraussetzung mitmachen, dass das freundschaftliche Klima darin durchaus unerotisch bleibt. Auch das vorangestellte Motto, bei dessen lateinischer Fassung ein versierter Philologe mitgearbeitet hat, sein alter Freund Franz Schall (Clangor), weist auf das durchaus unreale der erzählten Geschichte hin, der aber nichtsdestoweniger eine höhere Wahrheit zukommt. Diese wenigen Zeilen erschließen sich kaum bei Beginn der Lektüre, eher nach ihrem Ende. So erfordert eigentlich schon das erste Blatt des Buches eine längere Erläuterung, und auch das Folgende ist nicht so inhaltsarm, wie manche ungeduldigen Kritiker meinen. – Hesse nennt sein Werk in einem längeren Untertitel „Versuch einer Lebensbeschreibung", nämlich des Magister Ludi, also des Spielmeisters Josef Knecht; aber ist es nur die Figur des Josef Knecht, dessen Entwicklung hier geschildert wird? Der Titel geht dann weiter: „samt Knechts hinterlassenen Schriften."

Das Buch, so weit es noch von Hesse selbst veröffentlicht wurde, besteht aus drei Teilen. Da ist zunächst eine Einleitung, „Das Glasperlenspiel. Versuch einer allgemeinverständlichen Einführung in seine Geschichte", dann folgt die „Lebensbeschreibung des Magister Ludi Josef Knecht" in zwölf Kapiteln, schließlich „Josef Knechts hinterlassene Schriften", die sich wiederum aufgliedern in „Die Gedichte des Schülers und Studenten" und „Die drei Lebensläufe".

Von außen her stellt sich das umfangreiche Werk also als ein Triptychon dar: dem eigentlichen Entwicklungsroman ist eine Einleitung vorangestellt, die die erzählerische Konstruktion mehr andeutet als ausführlich beschreibt, dann, wie gesagt, die Lebensbeschreibung, und schließlich, neben den sehr mit tiefsinnigen Gedanken befrachteten Gedichten, die drei Lebensläufe, die, so ist der kompositorische Gedanke, ihrerseits wieder Lebensbeschreibungen des Haupthelden wiedergeben, die dieser als meditative Schreibübung verfasst haben soll. So ergibt sich, grob gesagt, ein Lebenslauf und darin eingebettet, aber im Buch als Anhang dargeboten, noch einmal drei Lebensentwürfe derselben Figur, die man wohl als aktive Imaginationen bezeichnen kann. Hesse hatte übrigens noch einen vierten Lebenslauf vorgesehen, der aber unvollendet geblieben ist und in zwei Entwürfen erst 1965 in dem Band „Prosa aus dem Nachlass" und dann noch einmal gesondert als Band 181 der Bibliothek Suhrkamp im Jahr darauf gedruckt wurde.

Diese drei bzw. vier Lebensbeschreibungen derselben dichterischen Figur möchte ich – aber ohne jeden Spott oder den Anflug von Blasphemie – als Hesses Evangelien bezeichnen. Diese Benennung legt sich nahe, nicht nur wegen der Vierzahl, wie sie auch die vier kanonischen Evangelien des Neuen Testaments aufweisen, sondern auch deswegen, weil, wie schon erwähnt, der Gestalt des Josef Knecht messianische Züge eignen.

Aber zurück zur „Einleitung". Auch diese ist schon umfänglich genug und lässt erheblichen Arbeitsaufwand ahnen. Was aber die ersten Leser des Buches nicht wissen konnten, ist, dass dem veröffentlichten Text noch drei weitere etwa gleich lange ausgearbeitete Vorfassungen vorausgingen. Diese sind inzwischen unter dem Titel „Von Wesen und Herkunft des Glasperlenspiels" in einem Taschenbuch von Volker Michels herausgegeben worden (st 382, Frankfurt am Main 1977). Der Vergleich ergibt, dass die vom Autor gewählte Fassung die abgeklärteste ist, aus der viele kritische und auch aggressive Zeitbezüge entfernt sind. In den Vorfassungen rechnet Hesse noch sehr heftig mit dem ab, was er das „feuilletonistische Zeitalter" nennt. Hier sind Anklänge an das Pamphlet seines Freundes Hugo Ball, „Zur Kritik der deutschen Intelligenz", von 1919 unverkennbar. (Es ist neu herausgegeben und eingeleitet von Gerd-Klaus Kaltenbrunner wieder zugänglich, München 1970). Während Hugo Ball den Niedergang in Deutschland schon seit der Reformation geißelt, greift Hesse deutlich und auch mit den Mitteln der Satire die Heraufkunft der faschistischen Denkzerstörung an, wie sie für ihn schon lange vor 1933 erkennbar war. Diese Dokumente sind sehr lehrreich dafür, was ein unbefangener Beobachter von jenseits der Grenze gesehen hat, was aber auch innerhalb Deutschlands von jedem hätte erkannt werden müssen, der nicht die Augen davor verschlossen hätte. Aber auch ohne den politischen Bezug können die Vorformen als erklärender Kommentar der späteren, etwas ins Überzeitliche gewendeten, Fassung gelesen werden. Ich werde mich aber allein auf letztere beziehen.

Der erzählerische Rahmen stellt sich als der Bericht eines anonymen Chronisten dar, der, in ferner Zukunft, etwa um das Jahr 2400 verfasst, auf die Ereignisse zurückblickt, die zur Herausbildung des Glasperlenspiels geführt haben, und die vorausgeschickt werden müssen, um die Gestalt des Josef Knecht verständlich zu machen. Der Bericht gibt zuerst eine allgemeine Charakterisierung des Spiels, das als in jeder Hinsicht streng geregelt dargestellt wird. „Diese Regeln, die Zeichensprache und Grammatik des Spieles, stellen eine Art von hochentwickelter Geheimsprache dar, an welcher mehrere Wissenschaften und Künste, namentlich aber die Mathematik und die Musik (...) teilhaben und welche die Inhalte und Ergebnisse nahezu aller Wissenschaften auszudrücken und zueinander in Beziehung zu setzen imstande ist. Das Glasperlenspiel ist also ein Spiel mit sämtlichen Inhalten und Werten unserer Kultur (...)" (16).

Dieses Spiel hat nun eine Vorgeschichte, die man letztlich bis auf Pythagoras zurückführen kann (der als erster die Musik und Zahlenverhältnisse verknüpft hat, S. 17). Dabei ist das Glasperlenspiel nicht aus der Muße beruhigter Zeiten hervorgegangen, sondern es bildete sich als Gegenwehr gegen einen allseitigen kulturellen Verfall, der so angedeutet wird: „Die Unsicherheit und Unechtheit des geistigen Lebens jener Zeit, welche doch sonst in mancher Hinsicht Tatkraft und Größe zeigte, erklären wir Heutigen uns als ein Symptom des Entsetzens, das den Geist befiel, als er sich am Ende einer Epoche scheinbaren Siegens und Gedeihens plötzlich dem Nichts gegenüber fand (...)" (27). Das spielt offenbar auf die Zustände in Mitteleuropa vor dem Ersten Weltkrieg an und den Verfall, der danach einsetzte. Dessen Zeichen waren: „die öde Mechanisierung des Lebens, das tiefe Sinken der Moral, die Glaubenslosigkeit der Völker, die Unechtheit der Kunst" (28).

Der Umschwung, der zu dem „heutigen Kulturbegriff" (32) geführt hat, kommt dann aus dem Aufblühen bestimmter Wissenschaften, die als dessen Quellen zugleich am Anfang des Glasperlenspiels stehen. „Eine der wichtigsten war die jüngste der Wissenschaften, die Musikgeschichte und musikalische Ästhetik, sodann ein bald darauf erfolgter Aufschwung der Mathematik, hinzu kam ein Tropfen Öl aus der Weisheit der Morgenlandfahrer (...)"(32). Hesse spielt hier auf sein eigenes Werk über die „Morgenlandfahrt" an, in dem er schon einmal mit dem Gedanken eines Geheimordens gespielt hat.

Es heißt weiter in der Einleitung: „Es war die Tat eines Einzelnen, die nun das Glasperlenspiel beinahe mit einem einzigen Schritt zum Bewusstsein seiner Möglichkeiten und damit an die Schwelle der universalen Ausbildungsfähigkeit brachte (...)" (45).

Diesen Anonymus führt er als Lusor Basiliensis ein: „Ein Schweizer Musikgelehrter, zugleich fanatischer Liebhaber der Mathematik, gab dem Spiel eine neue Wendung (...)" (45). Der Kommentator Pfeiffer vermutet, dass hier Hans Kayser Modell gestanden hat, der Begründer der Harmonik. Von diesem, nun wieder als Gestalt des Romans, heißt es dann: „Er erfand für das Glasperlenspiel die Grundsätze einer neuen Sprache, nämlich einer Zeichen- und Formelsprache, an welcher die Mathematik und die Musik gleichen Anteil hatten, in welcher es möglich wurde, astronomische und musikalische Formeln zu verbinden, Mathematik und Musik auf einen gemeinsamen Nenner zu bringen." (46 f.).

Diese formale Beschreibung ist sicher wenig anschaulich; indessen kommt es darauf auch nicht sehr an. Wichtig ist dem Autor eigentlich nur diese Charakterisierung: „Das Spiel der Spiele hatte sich, unter der wechselnden Hegemonie bald dieser, bald jener Wissenschaft oder Kunst, zu einer Art von Universalsprache ausgebildet, durch welche die Spieler in sinnvollen Zeichen Werte auszudrücken und zueinander in Beziehung zu setzen befähigt waren" (50).

Man könnte hier an ältere Geistesahnen wie Raimundus Lullus, Athanasius Kircher und Leibniz denken; ganz aus der Luft gegriffen ist die Idee nicht. Die Beschreibung schließt: „Für jeden selbständigen Spieler aber, und gar für den Magister, ist das Glasperlenspiel in erster Linie ein Musizieren", und er zitiert dazu einen Text, den er Josef Knecht selbst zuschreibt: „Wir halten die klassische Musik für den Extrakt und Inbegriff unserer Kultur, weil sie ihre deutlichste, bezeichnendste Gebärde und Äußerung ist. Wir besitzen in dieser Musik das Erbe der Antike und des Christentums, einen Geist heiterer und tapferer Frömmigkeit, eine unübertrefflich ritterliche Moral. Denn eine Moral letzten Endes bedeutet jede klassische Kulturgebärde (...). Die Gebärde der klassischen Musik bedeutet: Wissen um die Tragik des

Menschentums, Bejahen des Menschengeschicks, Tapferkeit, Heiterkeit" (55 f.). Wir sehen, hier werden heilende Kräfte beschworen, sei es für den Einzelnen, der ihrer bedarf, sei es für die Kultur im Ganzen.

Wir kommen nun zum Hauptteil des Romans, zur Entwicklungsgeschichte des Josef Knecht. Hier stößt der Leser sogleich auf die erste auffällige Tatsache: Hesse lässt seinen Helden, dessen Weg er von den ersten Knabenjahren an verfolgt, elternlos aufwachsen! Wie bedeutsam ihm dieser Zug erscheint, wird dann noch einmal unterstrichen, wenn in dem ersten der mitgeteilten „Lebensläufe", genannt „Der Regenmacher", wiederum ein elternloser Knabe erscheint. Darüber sollte man nicht hinweglesen.

Wenn es zutrifft, was Hesses Biograph Zeller geäußert hat, nämlich, dass alle Werke dieses Autors Fragmente eines Selbstporträts seien, und es spricht wirklich vieles dafür, dann ist hier nicht mehr und nicht weniger als eine vernichtende Negation, ein Ausradieren des Elternhauses von Hesse selbst intendiert. Dafür gibt es ein starkes Motiv. Interessierte seien auf die beiden Bände von Briefen und Zeugnissen verwiesen, die Ninon Hesse nach dem Tod des Dichters unter dem Titel „Kindheit und Jugend vor Neunzehnhundert" herausgegeben hat (2 Bde. Frankfurt am Main, 1966 und 1978).

Daraus geht hervor, wie mörderisch das christliche Elternhaus in Calw für den jungen Hesse war, und wie leicht er durch Krankheit oder Selbstmord hätte zu Grunde gehen können. Die in diesen beiden Bänden versammelten Dokumente gehören zu dem großen Lebensroman mit hinzu. Das „Glasperlenspiel" erweist sich damit als ein Bau mit Untergeschossen. Wer davon nur wahrnimmt, was aus der Erde ragt, kann dem Werk nicht gerecht werden. Man wird nicht fehlgehen, wenn man immer auch den therapeutischen Wert im Auge behält, den das Buch für den Autor und wohl auch für so manchen Leser hatte und noch hat.

Das erste berichtenswerte Detail aus dem Leben des heranwachsenden Josef Knecht erzählt der Chronist über den zwölf- oder dreizehnjährigen Lateinschüler aus dem Städtchen Berolfingen am Rand des Zaberwaldes (63).

Er sei von seinen Lehrern schon mehrfach zur Aufnahme in eine der Eliteschulen empfohlen worden, am eifrigsten vom Musiklehrer. Nun soll der Musikmeister des Ordens in die Schule zu einer Revision kommen. Er interessiert sich aber nur für den jungen Knecht. Behaglich wird dann die Szene ausgemalt, in der der berühmte Musikmeister nun dem Knaben zuerst die Befangenheit nimmt und dann zusammen mit ihm musiziert, der Junge spielt die Geige, der Meister das Klavier. Zum Schluss ist er von dem jungen Talent so angetan, dass er ihn mit den ermutigenden Sätzen entlässt: „Nirgends können zwei Menschen leichter Freunde werden als beim Musizieren (...). Hoffentlich werden wir Freunde bleiben (...)" (70).

Der Chronist sieht darin die Berufung Knechts zum Aufstieg in die höheren Stufen des Bildungsweges dieser „pädagogischen Provinz", wie der kleine Ordensstaat im Anklang an Goethe genannt wird. Nun hat das Wort Berufung aber auch eine religiöse Konnotation, und außerdem wird der halbwegs im Neuen Testament bewanderte Leser hier auch an die Lukas-Perikope über den zwölfjährigen Jesus im Tempel denken (Lk 2,41-52). Wie anders ist es vorstellbar, als dass der bibelkundige Hesse nicht auch diese Parallele zum Leben Jesu bewusst mit eingearbeitet hätte? So ergibt sich ein weiterer Hinweis auf die „messianische" Gestalt seines Josef Knecht, und auch von ihm kann das Wort gelten: „er nahm zu an Weisheit, Alter und Gnade bei Gott und den Menschen" (Lk 2,52). So heißt es denn: „Er hatte den Vorgang der Berufung erlebt, den man recht wohl ein Sakrament nennen darf: das Sichtbarwerden und einladende Sichöffnen der idealen Welt" (70). Dabei bleibt der so Erwählte aber sympathisch bescheiden: „Er wusste vorerst nichts davon, dass er jetzt zu den ‚electi', zur ‚flos juventutis' gehöre, wie im Orden die Eliteschüler heißen" (73).

Damit ist auch dieses Wort gefallen, Elite, das sich hinfort andauernd einstellt, wenn der Autor das besondere Erziehungs- und Auswahlsystem seiner Bildungsutopie beschreibt, und das wohl mit Recht zu den Grundbegriffen des Werkes gezählt werden kann. Hier aber vollzieht sich das alles in vollkommener Harmonie: „So von innen beginnend und wachsend bis zur Begegnung und Bestätigung des Innern und Außen vollzog sich die Berufung bei Josef Knecht in vollkommener Reinheit (...). Ungestört durch plötzliche Enthüllungen und Indiskretionen vollzog sich der edle Vorgang, die typische Jugend- und Vorgeschichte jedes edlen Geistes" (75). Wirklich eines jeden? Hier sind Zweifel möglich. Aber wir wollen auch das Unwahrscheinliche zunächst einmal so stehen lassen, wie Hesse es in seiner großen Dichtung für zumutbar hält.

„Mit seiner Aufnahme in die Elite war Knechts Leben auf eine andre Ebene verpflanzt, es war der erste und entscheidende Schritt in seiner Entwicklung geschehen. Es geht durchaus nicht allen Eliteschülern so, dass die amtliche Aufnahme in die Elite mit dem inneren Erlebnis der Berufung zusammenfällt. Das ist Gnade, oder wenn man es banal ausdrücken will: es ist ein Glücksfall" (78).

Man beachte auch hier die religiöse Metaphorik. Das ist anscheinend nicht nur eine ‚déformation' des schwäbischen Pfarrerssohnes und Zöglings kirchlicher Bildungsanstalten, der Hesse auch war. Man darf auch eine bewusste Absicht dahinter vermuten.

Der Autor macht nun konkretere Angaben über den weiteren Bildungsweg seines Helden, und schickt voraus: „Immerhin war in dem System der vier großen Eliteschulen mit ihren zahlreichen Unterabteilungen und Zweiganstalten Raum für vielerlei Begabungen, und ein strebsamer Mathematiker oder Philologe, wenn er wirklich das Zeug zu einem Gelehrten hatte, brauchte etwa einen Mangel an musikalischer oder philosophischer Begabung nicht als Gefahr zu empfinden" (79), und es „gab zuzeiten sogar in Kastalien sehr starke Tendenzen zur Pflege der reinen, nüchternen Fachwissenschaften" (ebd.)

Davon wird jedoch im Roman nicht viel sichtbar. Der Schwerpunkt der Studien scheint vielmehr bei den Geisteswissenschaften, insbesondere der Philologie, der Geschichte, der Philosophie und der Theologie zu liegen, dies alles gewissermaßen diszipliniert von der Mathematik und gekrönt von der Musikpflege und Musikwissenschaft. Hier zeigen sich ganz klar die Vorlieben des Autors. Weiter geht es auf dem

Bildungsweg seines Josef Knecht: „Er war der Schule Eschholz zuge-
teilt worden (...). Eschholz war die größte und die jüngste Schulsied-
lung von Kastalien, die Bauten alle aus neuerer Zeit, keine Stadt in der
Nähe, nur eine dorfähnliche kleine Niederlassung" (85).

Hier hat also die Reformpädagogik der Landschulheime zum
Modell gedient, wie sie bis zum Einbruch der Katastrophe des Jahres
1933 geblüht hat. In dieser Atmosphäre einer behüteten pädagogischen
Insel entwickelt sich der junge Knecht bis zur Hochschulreife. Dann
belehrt ihn der Magister musicae über die Pflichten eines Eliteschülers:
„er ‚wählt‘ sich keinen Beruf. Er glaubt nicht, seine Talente besser beur-
teilen zu können als die Lehrer. Er lässt sich innerhalb der Hierarchie
immer an den Ort stellen und zu der Funktion bestimmen, welche die
Oberen für ihn wählen (...)" (96).

Das ist die Nachwuchspflege einer großen, bewährten Institution,
und erkennbar hat hier der Autor an die Katholische Kirche gedacht.

Zuerst aber steht noch die Wahl einer weiteren Bildungseinrichtung
bevor, und hier hat Knecht doch einen eigenen Wunsch: er möchte
nach Waldzell, von dem es heißt, „es bringt das kunstreiche Völkchen
der Glasperlenspieler hervor" (105).

Sein alter Förderer, der Musikmeister, gibt ihm dies zu bedenken:
„Du weißt, dass nicht alle mit dem Glasperlenspiel einverstanden
sind. Sie sagen, es sei ein Ersatz für die Künste, und die Spieler seien
Belletristen, sie seien nicht mehr als eigentlich Geistige zu betrachten,
sondern seien eben frei phantasierende und dilettierende Künstler (...).
Die Künstlernaturen sind in dies Spiel verliebt, weil man darin phantasieren kann (...)" (105 f.)

Trotzdem entscheidet sich Knecht für Waldzell, das „der Sitz des
offiziellen Glasperlenspiels und seiner Einrichtungen" ist: „hier war die
berühmte Spielhalle für die feierlichen Spiele, hier das riesige Spiel-
archiv mit seinen Beamten und Bibliotheken, hier der Sitz des Ludi
Magister" (112).

„Übrigens war die Waldzeller Schule die kleinste von allen kastalischen Schulen, die Schülerzahl war kaum jemals höher als etwa sechzig

(...)" und „ließ sie als eine engste Elite innerhalb der Elite erscheinen" (113). Da ist er wieder, der Begriff der Elite, zu dem der Autor mit einer gewissen Sehnsucht aufblickt. Für den Schüler jedoch war diese Schule „vorerst die genaue Fortsetzung der vorigen, wenn auch einige neue Fächer hinzukamen. Wirklich neu war hier nichts als die Meditationsübungen" (115).

Damit wird der ordensähnliche Charakter der ganzen kastalischen Bildungswelt unterstrichen, und auch Anleihen an fernöstliche Praxis werden gemacht. Wirklich erreicht die Pflege der Meditation in den westlichen Klöstern nicht die Höhe und Differenziertheit der Yoga-Übungen, und so nimmt Hesse diese hier mit hinein.

Zu den wenigen Bemerkungen zur Persönlichkeit des Heranreifenden gehört diese: „Einige Züge in diesem Jünglingsbild sind ohne Zweifel Merkmale der Pubertät; wahrscheinlich ist er in dieser Periode dem anderen Geschlecht nur zufällig und mißtrauisch begegnet, vermutlich war er, gleich vielen Eschholzern, wenn sie nicht Schwestern zu Hause hatten, recht schüchtern" (118).

Das ist recht karg. Ausführlicher wird es, wenn der Autor auf die geistige Entwicklung zu sprechen kommt: „Gelesen hat er viel und besonders deutsche Philosophen: Leibniz, Kant und Hegel, der ihn am stärksten anzog" (118 f.)

In diese Zeit fällt der Beginn einer Freundschaft, die dann auch später noch für Knecht wichtig werden soll. Er lernt in Waldzell einen Jüngling aus einer patrizischen Familie kennen, der dort als Hospitant seine Studien macht, weil er keineswegs für den Orden bestimmt ist, sondern seinen Weg in der „Welt" machen soll. Mit ihm disputiert er eingehend über den Sinn und Wert der ganzen kastalischen Institution, die der neue Freund, Plinio Designori, bei aller Schätzung auch recht kritisch sieht. So ist er also zu einer Verteidigung der kastalischen Ideale herausgefordert und erreicht damit eine neue Stufe der Bewusstheit.

Dabei fehlt es nicht an deutlicher Kritik: „Wenn Plinio unsre Lehrer und Meister als Priesterkaste bezeichnet und uns Schüler als gegängelte und kastrierte Herde, so sind das natürlich derbe und übertreibende

Worte, aber irgend etwas Wahres enthalten sie vielleicht doch" (126). Aber die Kritik zielt noch tiefer: „das Glasperlenspiel sei ein Rückfall in die feuilletonistische Epoche, ein bloßes verantwortungsloses Spielen mit Buchstaben, in welche wir die Sprachen der verschiedenen Künste und Wissenschaften aufgelöst hätten (...) beweisend für den Unwert unsrer ganzen geistigen Bildung und Haltung sei unsre resignierte Unfruchtbarkeit" (126).

Dieser Vorwurf liegt in der Tat nahe. Vielleicht liegt die Bedeutung dieser Diskussionen für die Entwicklung des Helden darin, dass hier seine eigenen Zweifel laut ausgesprochen werden. Man könnte in diesen Diskussionen auch die Auseinandersetzung mit dem Schatten sehen, freilich auf eine sehr verhaltene Weise und so dezent, wie es gerade noch innerhalb der geschilderten ‚Elite' zugelassen werden kann. Die freilich hat ihre Existenz zu rechtfertigen vor dem anderen Teil der Menschheit, dessen Arbeit und Armut die Grundlage für ihre Luxusexistenz ist. Das bleibt aber das Problem einer jeden höheren Kultur, und die Frage ist schwer entscheidbar, ob man etwa ein Opernhaus schließen soll, um Kindergärten einrichten zu können.

Der junge Knecht kämpft aber seine Selbstzweifel nieder und erlebt nun nach der ersten durch den Musikmeister, jetzt seine zweite Berufung, die ihn zur „Gestalt des vollkommenen Kastaliers" prägt (139), und es heißt, aus dieser Zeit stammten die Gedichte des jungen Knecht, die der fiktive Herausgeber im Anhang mitteilt. Ganz kurz wird noch ein weiteres Problem seiner Studienzeit gestreift, ohne dass der Autor hier über sehr allgemeine Grundsätze hinausginge. Es heißt: „Was die Frauen betrifft, so kennt der kastalische Student weder die Ehe mit ihren Verlockungen und Gefahren, noch kennt er die Prüderie mancher vergangenen Epoche, welche den Studenten entweder zu geschlechtlicher Askese zwang oder ihn auf mehr oder weniger käufliche und dirnenhafte Weiber anwies. Da es für den Kastalier keine Ehe gibt, so gibt es auch keine auf die Ehe hin gerichtete Liebesmoral. Da es für den Kastalier kein Geld und so gut wie kein Eigentum gibt, existiert auch die Käuflichkeit der Liebe nicht." (147)

Aber der Autor hat eine besondere Lösung gefunden: „Es ist in der Provinz Sitte, dass die Bürgertöchter nicht allzu früh heiraten, und in den Jahren vor der Ehe scheint ihnen der Student und Gelehrte als Geliebter ganz besonders begehrenswert; er fragt nicht nach Herkunft und Vermögen, ist gewohnt, geistige Fähigkeiten den vitalen mindestens gleichzustellen, hat meistens Phantasie und Humor und muss, da er kein Geld hat, mehr als andre mit dem Einsatz seiner selbst bezahlen" (147).

Das Ganze stellt sich der Autor als ein freies Spiel vor dem Ernst der Ehe vor, den besagte Bürgertöchter für später aufheben, also eine „Lebensabschnittspartnerschaft" auf Zeit und ohne weitere Verbindlichkeit. Ob das aber beiden Teilen gerecht wird, und lässt sich ein solches Verhältnis schmerzfrei beenden? Hier scheinen die wirklich utopischen Züge des Werkes zu liegen.

Was aber Josef Knecht angeht, so wird nicht einmal von einer solchen Beziehung auf Zeit berichtet. Er ist offenbar ein seltenes Beispiel gelungener Sublimierung.

Geschildert wird nun ein Studieren mit völliger akademischer Freiheit, und der Student ist nur gehalten, jedes Jahr sich einer besonderen schriftlichen Übung zu unterziehen: er soll einen „Lebenslauf" verfassen: „Der Schüler hatte die Aufgabe, sich in eine Umgebung und Kultur, in das geistige Klima irgendeiner früheren Epoche zurückzuversetzen und sich darin eine ihm entsprechende Existenz auszudenken (...)" (150).

Das war nicht nur ein müßiges Spiel der Phantasie, vielmehr: „Es lebte ein Rest des alten asiatischen Wiedergeburts- und Seelenwanderungsglaubens in dieser freien und spielerischen Form hier fort" (ebd.) „Des weiteren waren die Lebensläufe, pädagogisch kein schlechter Gedanke, ein legitimer Kanal für das dichterische Bedürfnis des jugendlichen Alters. War auch seit Generationen das eigentliche, ernsthafte Dichten verpönt und teils durch die Wissenschaften, teils durch das Glasperlenspiel ersetzt, so war doch der Künstler- und Gestaltungstrieb des Jugendalters nicht erledigt; er fand in den Lebensläufen, welche sich oft bis zu kleinen Romanen erweiterten, ein erlaubtes Feld der Betätigung" (151).

Hier findet sich unversehens ein weiterer utopischer Zug dieser großen Erzählung: Ist es vorstellbar, in einer solchen imaginären Künstlerrepublik die eigentlich schöpferische Kunstbetätigung gänzlich einzustellen und sich nur mit der immer subtileren Erforschung vergangener Leistungen zu begnügen? Das Dichten sei „verpönt", heißt es, und das Erzählen wird auf streng geregelte Schularbeiten eingeschränkt. An anderer Stelle wird gesagt, dass auch das Komponieren auf sehr eingeengte Übungsstücke beschränkt wird, und von den bildenden Künsten wie vom Theater ist überhaupt keine Rede. Und wie steht es mit der Philosophie? Wird sie auch nur auf ihre eigene Geschichte verwiesen, ebenso die Theologie? Ich meine, hier, nicht so sehr in der gesellschaftlichen Konstruktion, stecken die eigentlichen utopischen Elemente des Werkes, und hier erheben sich die stärksten Bedenken. Lässt sich die schöpferische Kraft derart kanalisieren? Der Autor hätte durch den von ihm so geschätzten Historiker Jacob Burckhardt gewarnt sein können, der gesagt hat: „Der Geist ist ein Wühler" (Weltgeschichtliche Betrachtungen. Leipzig 1938, S. 8), und der auch das völlige Ruhigstellen der Geschichte bis hin zur Ereignislosigkeit mit Misstrauen gesehen hat: „nur das Märchen nimmt einen sich gleichbleibenden Zustand für Glück" (a.a.O., 260).

Es wird dann von den drei Lebensläufen berichtet, die Josef Knecht geschrieben hat, und die am Ende des Romans abgedruckt sind, und es heißt dann: „Wir wissen (…) dass er in der Tat Vorstudien zu einem Lebenslauf aus dem achtzehnten Jahrhundert gemacht hat. Er wollte darin als schwäbischer Theologe auftreten, der den Kirchendienst später mit der Musik vertauscht, der ein Schüler Johann Albrecht Bengels, ein Freund Oetingers und eine Weile Gast der Gemeinde Zinzendorfs war. Wir wissen, dass er damals eine Menge alter, zum Teil entlegener Literatur über Kirchenverfassung, über Pietismus und Zinzendorf, über Liturgie und Kirchenmusik jener Zeit gelesen und exzerpiert hat (…). Am Ende ließ er die Arbeit liegen, zufrieden mit dem, was er bei ihr gelernt hatte, erklärte sich aber für unfähig, daraus einen Lebenslauf zu machen, denn er habe zu viele Einzelstudien getrieben und Details gesammelt" (152 f.).

Das ist eine genaue Beschreibung dessen, was Hesse selbst widerfahren ist. Auch er hat einen vierten Lebenslauf verfasst, sogar in zwei Anläufen, und ihn dann doch liegen gelassen, so dass er erst Jahre nach seinem Tod gedruckt wurde. Man kann sich durchaus fragen, ob es nur daran gelegen hat, dass er im Material ertrunken ist, dass er diese Arbeit zu keinem Ende bringen konnte. Das wäre ein zu äußerlicher Grund. Vielmehr wäre das der ideale Lebenslauf geworden, so wie er Hesse – und noch mehr seinen Eltern – tatsächlich einmal vorschwebte. Ob es die Erinnerung an jenen Druck aus dem Elternhaus war, der ihn daran gehindert hat, das im Leben nicht Erreichte Jahrzehnte später in der Fiktion doch noch auszuführen? Wir wissen es nicht. Der Widerstand, der ihn schließlich resignieren ließ, bleibt aber erklärungsbedürftig.

Zurück zu Josef Knecht. Mit erkennbarer Freude und Liebe zur Sache malt der Autor dann aus, was er die „merkwürdigste Episode seiner Studienzeit" nennt (167).

Knecht hatte mit Eifer und Erfolg das Studium der chinesischen Sprache betrieben, „eine Anzahl Lieder des Schi King auswendig gelernt" (ebd.) und sich immer intensiver mit dem I Ging, dem Buch der Wandlungen beschäftigt, wie es Hesse selber auch getan hat. Sein Alter Ego im Roman hat nun von einem merkwürdigen Ordensbruder gehört, der den Namen „der Ältere Bruder" bekommen hat, weil er für die Ordensoberen diesen Titel bevorzugte, und der sich völlig in die chinesische Lebensart eingelebt hat. Diesen Einsiedler sucht nun Josef Knecht auf, wird freundlich aufgenommen und führt auf sehr ehrerbietige Art tiefsinnige Gespräche mit dem Wahlchinesen. Man kann sagen, dass er in ihm dem Alten Weisen begegnet, und zwar in seiner ostasiatischen Ausprägung. Das Ganze ist vielleicht die heiterste Episode des Buches, und sie liest sich mit hellem Entzücken. (167-176). Am Ende befragt er das Buch I Ging und erhält das Urteil des Zeichens Mong: „Jugendtorheit hat Gelingen (...)" (174).

Es folgt ein weiterer Schritt nach oben in seiner Karriere: der Glasperlenspielmeister zieht ihn in seine Nähe und betraut ihn mit allerlei Aufgaben, um ihn unauffällig zu prüfen. Das Ergebnis stellt ihn sehr zufrieden. Es lohnt sich das folgende Miniaturporträt des Meisters näher anzuschauen: „Glasperlenspielmeister war damals Thomas von der Trave, ein berühmter, weitgereister und weltgewandter Mann, konziliant und vom artigsten Entgegenkommen gegen jedermann, der sich ihm näherte, in den Spielangelegenheiten aber von wachsamster und asketischer Strenge, ein großer Arbeiter, was jene nicht ahnten, die ihn nur von der repräsentativen Seite kannten, etwa im Festornat als Leiter der großen Spiele oder beim Empfang von Abordnungen aus dem Auslande" (185). Das genügt wohl, um den großen Kollegen zu erkennen, dem Hesse hier ein Denkmal gesetzt hat.

Der Meister legt Josef Knecht nun den Eintritt in den Orden nahe, und die Aufnahme vollzieht dann sein alter Förderer, der Musikmeister (189 f.)

Die weiteren Stufen seiner Laufbahn übergehe ich, nur eine mehrjährige Abordnung in ein Benediktinerkloster ist noch erwähnenswert, weil er auch dort einen Gesprächspartner findet, der dann sein väterlicher Freund wird. Es handelt sich um den Pater Jakobus, einen Historiker und bedeutenden Gelehrten des Ordens. Bei diesen Gesprächen geht es um die letzten Fragen der Geschichtswissenschaft und Geschichtsphilosophie. Daraus sollen wenigstens einige Bruchstücke als Kostproben mitgeteilt werden.

Bei diesen Gesprächen im Benediktinerkloster Mariafels (206 ff.) mit Pater Jakobus, „wohl der bedeutendste Geschichtsschreiber des Benediktinerordens", der so beschrieben wird: „ein hagerer ältlicher Mann mit einem Sperberkopf auf langem, sehnigem Halse" (215), geht es zunächst um den Vergleich der beiden Orden. Zu ihrer Überraschung entdecken sie aber, dass sie beide eine Vorliebe für einen sonst wenig gekannten Theologen haben: Johann Albrecht Bengel (220).

Knecht nimmt ihn dabei als Vorläufer des Glasperlenspiels in Anspruch. Er habe den Plan mitgeteilt, „er hoffe in einem enzyklopädischen Werk alles Wissen seiner Zeit symmetrisch und synoptisch auf ein Zentrum hin zu ordnen und zusammenzufassen" (222).

Das wehrt Jakobus ab: „Sie neigen wirklich zum Phantasieren" (223) und er nimmt sich vor, ihn näher an die Wirklichkeit heranzuführen. „Die Schulung durch ihn (...) führte ihn zu einer „neuen Stufe auf jenem Weg des Erwachens, als den er sein Leben betrachtete"(224).

Knecht hat in dem Pater also den europäischen Alten Weisen gefunden. Von ihm erfährt er Lehren wie diese: „Wer Geschichte betrachtet, soll meinetwegen den rührendsten Kinderglauben an die ordnende Macht unsres Geistes und unsrer Methoden mitbringen, aber außerdem (...) soll er Respekt haben vor der unbegreiflichen Wahrheit, Wirklichkeit und Einmaligkeit des Geschehens (...) Geschichte treiben heißt: sich dem Chaos überlassen und dennoch den Glauben an die Ordnung und den Sinn bewahren" (226).

Mit solchen Gesprächen vergehen zwei Jahre, und Knecht steht inzwischen im 37. Lebensjahr. Er wird kurz zurückgerufen und erfährt den Zweck seiner Mission. Er soll vorfühlen, ob und wie sich eine diplomatische Beziehung zum Vatikan einrichten lässt. Dabei soll der Pater vermitteln. Bei seiner Rückkehr spricht ihn dieser sofort darauf an.

Nach dieser Aussprache bittet Knecht den Pater, ihn als Schüler in der Geschichtswissenschaft zu unterrichten. Dieser sagt zu, und so hört er, was seinem Orden fehle: eine Anthropologie. Das drückt Pater Jakobus so aus: „Ihr kennt ihn nicht, den Menschen, nicht seine Bestialität und nicht seine Gottesbildschaft" (253) und „er legte ihm (...) sehr ans Herz, grundsätzlich das unmittelbare Quellenstudium und die jeweilige Beschränkung auf übersehbare Teilgebiete stets dem Lesen weltgeschichtlicher Wälzer vorzuziehen, und er machte keinen Hehl aus seinem tiefen Misstrauen gegen alle Geschichtsphilosophen" (275). Dem kann man zustimmen.

Was nun folgt nach der Rückkehr Knechts von seiner Mission, kann man kurz zusammengefasst als den Höhepunkt seiner Laufbahn und seines Lebens bezeichnen. Er wird zum Glasperlenspielmeister gewählt, und er bekommt Gelegenheit, zu einem selbstentworfenen öffentlichen Spiel, das er mit großem Beifall zelebriert. Damit ist, wie gesagt, der Höhepunkt erreicht, und es erfolgt der Umschlag. Knecht beschließt, sein Amt niederzulegen und die pädagogische Provinz Kastalien zu verlassen. Er reicht ein Gesuch um Amtsenthebung ein, das aber abgeschlagen wird. So geht er auf eigene Initiative. Er gibt sein Amtssiegel und seine Schlüssel ab und verlässt die Glasperlenspielerstadt zu Fuß. Seinen, für alle überraschenden Entschluss, begründet er so: „Ich wünsche nicht in die Welt hinauszugehen mit einer Rückversicherung für den Fall einer Enttäuschung in der Tasche (...) Ich begehre im Gegenteil Wagnis, Erschwerung und Gefahr, ich bin hungrig nach Wirklichkeit" (539). Damit wandert er zur Hauptstadt des Landes, und niemand kann ihn aufhalten.

Knechts Ziel ist sein alter Freund Designori, und der hat auch einen passenden Plan und eine Verwendung für ihn. Das einzige, was er wirklich kann, ist lehren, und so soll er für die nächste Zeit der Privatlehrer seines Sohnes Tito werden. Zu diesem Zweck sollen beide ein Landhaus beziehen, das der Familie gehört, und das im Gebirge an einem Bergsee liegt. Zunächst gibt es noch eine Überraschung, weil der junge Designori plötzlich verschwunden ist. Es findet sich jedoch die Nachricht, dass er nur vorausreisen will. So beruhigt sich der besorgte Vater und schickt seinen Freund Knecht im Wagen ins Gebirge. Er erreicht das Ferienhaus Belpunt, fühlt sich aber von der Reise erschöpft. Auch spürt er unregelmäßigen Herzschlag. Er führt das auf die Reise und den plötzlichen Aufstieg auf 2.000 Meter Höhe zurück. So legt er sich zur Ruhe.

Am nächsten Morgen findet er einen Bademantel vor. Er zieht ihn an und tritt aus dem Hause. Der kleine Bergsee lag noch im Schatten eines steilen Felsabhangs. Josef Knecht empfand „die Stille, den Ernst und die Schönheit" der Hochgebirgswelt, aber auch „die Wucht, die Kühle und würdevolle Fremdheit", und „es schien ihm sonderbar und bedeutungsvoll, dass sein erster Schritt in die neue Freiheit des Weltlebens ihn gerade hierher in diese stille und kalte Größe geführt hatte" (581).

„Tito erschien in der Badehose, gab dem Magister die Hand und sagte auf die Felsen gegenüber deutend: ‚Sie kommen im rechten Augenblick, gleich wird die Sonne aufgehen'" (581).

Der feierliche Augenblick des Sonnenaufgangs begeisterte und beglückte den jungen Tito geradezu ekstatisch, sodass er seinen Gefühlen in tanzenden Schritten Ausdruck verlieh, in einem Lichtrausch, der nur Minuten währte. Es beschämte ihn wohl, sich vor seinem Lehrer so seinen Gefühlen überlassen zu haben, und, um abzulenken, wies er zum jenseitigen Ufer, das unterhalb des Felsberges noch im Schatten lag und rief hastig: „Wenn wir schnell schwimmen, so können wir gerade noch vor der Sonne am anderen Ufer sein" (586).

Er wirft sich in das Wasser, und Knecht folgt ihm. Aber „Der See, aus Gletscherwassern gespeist und selbst im wärmsten Sommer nur für sehr Abgehärtete bekömmlich, empfing ihn mit einer Eiseskälte von schneidender Feindseligkeit" (587).

„Der junge Schwimmer hatte des öftern zurückgeblickt und mit Genugtuung wahrgenommen, dass der Magister ihm ins Wasser gefolgt sei. Nun spähte er wieder, sah den andern nicht mehr (...). Er fand ihn nicht mehr und suchte schwimmend und tauchend so lange nach dem Versunkenen, bis in der bittern Kälte auch ihm die Kräfte schwanden" (ib).

In wenigen Zeilen bringt der Dichter nun die Knecht-Handlung seines großen Romans zuende. Da wird zuerst geschildert, wie der Knabe Tito sich aus dem eisigen Wasser des Bergsees rettet, nachdem er den untergegangenen Lehrer nicht mehr gefunden hat: „Taumelnd und atemlos kam er endlich an Land, sah den Bademantel am Ufer liegen, hob ihn auf und begann sich damit mechanisch Leib und Glieder abzureiben, bis die erstarrte Haut sich wieder erwärmte" (587 f.)

Langsam überwindet er den Schock und beginnt, über das furchtbare Erleben nachzudenken. Dabei macht er sich begreiflicherweise die heftigsten Vorwürfe: „Oh weh, dachte er entsetzt, nun bin ich an seinem Tod schuldig (...). Und indem er sich, trotz aller Einwände, an des Meisters Tod mitschuldig fühlte, überkam ihn (...) die Ahnung, dass diese Schuld ihn selbst und sein Leben umgestalten und viel

Größeres von ihm fordern werde, als er bisher je von sich verlangt hatte" (588).

Damit ist angedeutet, dass Josef Knecht durch sein Sterben jetzt einen größeren – formenden und erziehenden – Einfluss auf den jungen Designori ausüben werde, als er es durch eine noch so lange und intensiv lehrende und erzieherische Zuwendung je hätte tun können. Damit stellt sich die Frage nach der tieferen Bedeutung dieses Geschehens, das als ein bloßer Badeunfall nur sehr unzureichend charakterisiert wurde. Hier ist es nötig, dieses Geschehen nicht nur punktuell und als plötzlich hereinbrechendes Ende zu verstehen, sondern diesen Tod im See in Beziehung zu setzen zum Leben und der Entwicklung des Helden Josef Knecht im Ganzen. Mit diesem offenen und dramatischen Abschluss der Romanhandlung gibt Hesse seinem Leser eine Frage auf, die sich wohl nicht mit einem Satz beantworten lässt. Versuchen wir daher den Sinn dieses Geschehens von verschiedener Seite her zu betrachten und vielleicht dem vom Dichter Gemeinten näher zu kommen:

In einer ersten Annäherung wird man diesen Tod vielleicht als einen Opfertod begreifen wollen; so könnte ihn auch der überlebende Knabe zunächst verstehen und auf sich beziehen. Dann hätte der Meister ihn durch seinen Tod mit einem gewaltigen Ruck aus der jugendlichen Unverbindlichkeit in den Ernst des Erwachsenwerdens gerissen, und das Miterleben des Sterbens seines Lehrers wäre dann eine Art Initiation in den Ernst und die unbegreiflichen Härten des Lebens.

Wie aber stellt sich der Tod des Josef Knecht für die Figur selbst dar, gewissermaßen auf der Subjektstufe gedeutet? Da ist zunächst die sorgfältig gestaltete Szenerie zu beachten. Knecht stirbt ja nicht irgendeinen Unfalltod, sondern er kommt in einem Bergsee ums Leben. Von diesem Gewässer her führt die Kette der assoziativen Gedanken zur tiefenpsychologischen Deutung des Wassers als einem Symbol des Unbewussten und speziell auch des Weiblichen.

Wie erinnerlich, hatte Knecht in seinem Leben so gut wie keine Beziehung zum anderen Geschlecht. Die Fluchttendenz weg vom „natürlichen Leben", zu dem auch die Beziehungen der Geschlechter gehören, hin zu einer rein männlichen, geistbestimmten und nur der Kunst lebenden Mönchsgesellschaft, findet so ihr jähes Ende und noch dazu eine sehr gewaltsame Kompensation. Der Magister Ludi, der seinen Orden verlassen hat, findet das Ende seines Lebens nun in einer Begegnung mit dem archetypisch Weiblichen, also, wenn man es mit den geläufigen Bildern ausdrücken wollte: Er fällt der Großen Mutter anheim in ihrer verschlingenden Gestalt als der Todbringenden.

Aber Hesse wird hier noch viel deutlicher: Er lässt seinen Helden nicht in irgendeinem Gewässer ertrinken, sondern er betont in immer neuen Windungen die Eiseskälte des Bergsees. Sollte das so völlig unbeachtet bleiben? Zu Beginn dieser Ausführungen wurde erinnert, dass die erste Konzeption des „Glasperlenspiels" auf das Jahr im Leben des Dichters zurückgeht, in dem sich seine zweite Frau von ihm getrennt hatte. Damit wurde verständlich gemacht, wieso es zum Entwurf dieser eigenartigen mönchischen Gesellschaft kam, in der das Weibliche nicht vorkommt, und die ganz auf einer hohen Stufe der Sublimation angesiedelt ist. Man kann – und sollte – aber noch einen Schritt weiter gehen: wenn Hesse so stark auf dem eisigen Charakter des Sees besteht, dann ist der Grund sicher nicht nur, um den plötzlichen Herztod des Josef Knecht verständlich erscheinen zu lassen. Das gilt natürlich auch. Aber wie in einem Traum auch die entscheidenden Dinge mehrfach determiniert sind, so darf man hier sicher auch über die bloße medizinische Begründung hinausgehen.

Damit käme man aber wieder zu Hesse selbst. Wenn man jetzt über seine Beziehung zum Weiblichen nachdenkt, dann wird für die Romanhandlung und ihr Ende sicher nicht nur sein Schmerz über die mißglückte Partnerschaft mit der jungen Ruth Wenger den Anstoß gegeben haben. Man wird ohne dem Werk Gewalt antun zu müssen, wohl bis in die von dramatischen Ereignissen überschattete Jugend des Dichters zurückgehen dürfen. Wie sollte er nicht seine eigene Mutter als einen solchen todbringenden eisig kalten Bergsee erlebt haben, die ihn zuerst aus der Geborgenheit des Elternhauses in das kirchliche Internat weggegeben und ihn dann, nach seiner Flucht, sogar in eine Irrenanstalt gebracht hatte? Ist eine schlimmere Verstoßung eines sensiblen Kindes denkbar, und wie sollte sie nicht noch Jahrzehnte später ihre Spuren im Werk hinterlassen? Die fromme pietistische Mutter und der eisig kalte Bergsee: der nachdenkliche Leser könnte selbst einen Kälteschock erleiden.

Von dem so verstandenen Ende der Haupthandlung des Romans fällt nun auch ein Licht auf die drei „Lebensläufe", die ich zuvor als „Evangelien" bezeichnet habe. Vielleicht wird nun auch verständlich, warum der vierte Lebenslauf dem Dichter nicht gelingen mochte: Der Lebenslauf des schwäbischen Theologen im achtzehnten Jahrhundert, den Hesse nach so eingehenden Studien in zwei Anläufen zu schreiben unternommen hatte, wäre recht eigentlich auch der ideale Lebenslauf des Knaben Hesse geworden, so wie seine fromme Mutter ihn sich vielleicht erträumt und ersehnt hatte: Der begabte Schüler, der die kirchlichen Bildungsanstalten mit Auszeichnung durchläuft, tritt in den Dienst der Kirche und stirbt eines Tages, hochgeehrt und „alt und lebenssatt" als Bischof oder großer Theologe seiner Kirche. Vielleicht ist am Schluss deutlich geworden, warum Hesse ein solcher Lebenslauf nicht gelingen konnte, nicht in der Realität und nicht einmal im freien Spiel der dichterischen Phantasie.

Klaus Bernath
Suchwanderungen

Preis: 9,99, 152 S., Opus Magnum
ISBN-13: 978-3-95612-012-1

Werke der Weltliteratur
Ausgewählt und kommentiert von Klaus Bernath

Sin-leqe-unnini: Gilgamesch
Homer: Die Irrfahrten des Odysseus
Vergil: Die Suchwanderung des Aeneas
Hartmann von Aue: Erec und Enide
Wolfram von Eschenbach: Parzival
Johann Amos Comenius:
Das Labyrinth der Welt und das Paradies des Herzens
Schota Rustaweli: Der Mann im Pantherfell
Klaus Modick: Das Grau der Karolinen

Klaus Bernath
Christliche und jüdische Religiosität

Preis: 9,99, 156 S., Opus Magnum
ISBN-13: 978-3-95612-013-8

Arbeit an existenziellen Texten
Ausgewählt und kommentiert von Klaus Bernath

Antwort auf Hiob – Fragen an C. G. Jung
Fragen an das Johannesevangelium
Der Römerbrief des Pseudo-Paulus
Vermutungen zum Hebräerbrief
Geistige Strömungen im Judentum des 20. Jahrhunderts
Gershom Scholem – Der Weg nach Zion
Der mystische Messias – Aufstieg und Fall des Sabbatai Zwi
Kalenderblatt für Jehuda Halevi
 – Nachrichten aus der Welt der Drei Ringe